岗位技能培训手册系列

采购员岗位

培训手册

—

弗布克培训运营中心
编著

U0319655

 化学工业出版社

·北京·

内容简介

《采购员岗位培训手册》是一本"拿来即用"的采购员培训手册。"拿来即学""拿来即参""拿来即改""拿来即做"是本书的特色。

简洁精练的语言与新颖翔实的内容是本书的特点，掌握技能与解决问题是本书的目标，让采购员对采购工作由入门到精通是本书的主旨。

本书通过程序、方案、规范、办法、制度、步骤、标准、细则、体系、模型等将采购各项工作逐一细化，涵盖了采购计划、选择供应商、采购谈判、采购过程控制、采购数字化、采购风险等内容，让培训者一做就对、一学就会。

本书适合采购员、采购培训员、采购培训咨询机构等采购相关从业者阅读和使用。

图书在版编目(CIP)数据

采购员岗位培训手册/弗布克培训运营中心编著. —北京：化学工业出版社，2023.1
（岗位技能培训手册系列）
ISBN 978-7-122-42322-1

Ⅰ.①采… Ⅱ.①弗… Ⅲ.①采购管理-岗位培训-技术手册 Ⅳ.①F253.2-62

中国版本图书馆 CIP 数据核字（2022）第 186317 号

责任编辑：王淑燕
责任校对：田睿涵
装帧设计：史利平

出版发行：化学工业出版社
　　　　　（北京市东城区青年湖南街 13 号　邮政编码 100011）
印　　装：大厂聚鑫印刷有限责任公司
710mm×1000mm　1/16　印张 11½　字数 207 千字
2023 年 5 月北京第 1 版第 1 次印刷

购书咨询：010-64518888
售后服务：010-64518899
网　　址：http://www.cip.com.cn
凡购买本书，如有缺损质量问题，本社销售中心负责调换。

定　　价：69.00 元

"十四五"时期,中国大力实施"技能中国行动",健全技能人才培养、使用、评价、激励制度,主要任务为健全完善"技能中国"政策制度体系和实施"技能提升""技能强企""技能激励""技能合作"四大行动。

技能是强国之基、立业之本。在"技能提升"和"技能强企"行动中,每个企业的每个岗位人员,都需要不断强化岗位技能,提升工作能力,为企业创造价值贡献力量。为此,基于岗位,立足业务,面向管理,我们推出了这套"岗位技能培训手册系列"图书。

《采购员岗位培训手册》是"岗位技能培训手册系列"中的一本。本书从工作流程设计、工作事项描述、工作细化执行三个层面,运用制度、程序、方案、办法、细则、规范等多种内容形式,对采购管理的各项工作,包括采购计划与预算管理,采购方式与采购程序管理,供应商开发与评估管理,采购谈判与合同签订,合同履行过程管理,采购过程控制管理,采购信息化管理,采购数字化管理,采购风险识别、分析、评价与应对管理共计九大项工作内容进行了详述。从而达到让读者"拿来即学""拿来即参""拿来即改""拿来即查"的目的,进而达成"拿来即用"的目标。

《采购员岗位培训手册》具有如下特点。

1. 步骤化、程序化

本书部分内容通过步骤、程序的形式进行展示,对于一些操作程序、问题程序、关键点程序、关节点程序,读者可以对照检查,或者直接查找,一目了然,马上就知道如何解决、如何去做、注意什么,可以对比、对照,方便快捷。

2. 制度化、方案化

本书部分内容通过制度、方案等形式进行展示，为采购员、采购培训人员提供了可以参照的模板，读者可以根据自己企业的业务情况和管理情况，参考、参照、借鉴，制定出自己企业的制度、方案。

3. 工具化、模板化

本书提供了诸多的工具和模板，读者可以在本书的相关内容基础上直接修改，改了即用。这不仅节省了工作时间，提高了工作效率，而且也把好的管理工具、管理办法、管理经验、管理方案直接变成了自己企业的管理规范。

本书的电子课件可免费提供给采用本书作为培训教材的教师使用用，如有需要请联系：357396103@qq.com。欢迎广大读者批评指正，以便改正。

弗布克培训运营中心
2022 年 10 月

目录

第 **1** 章

采购计划与预算管理

1.1

分析采购需求

1.1.1 采购市场调查程序

采购市场调查是分析采购需求的前提和基础，采购员要时刻掌握市场信息和市场动向，根据市场调查结果分析采购需求。采购市场调查程序主要包括以下两个方面，如图1-1所示。

| 拟定采购市场调查方案 | 在进行采购市场调查前，采购员应对采购市场调查工作进行整体规划，拟定一份完整的采购市场调查方案 |
| 设计采购市场调查问卷 | 在采购市场调查过程中，可能会采用问卷的形式进行调查，采购员需要设计采购市场调查问卷 |

图1-1 采购市场调查程序图

（1）拟定采购市场调查方案

以下是采购市场调查方案范例，供采购员参考。

方案名称	采购市场调查方案	编　　号	
		受控状态	

一、目的

为了确定采购需求，编制和修订采购计划，了解供应商之间的关系和市场竞争状况，规范企业的采购与供应战略，开发潜在市场和甄选供应商，结合企业的实际情况，特制定本方案。

二、调查对象

1.供应商。调查供应商的基本信息、资质、供应能力、服务水平等。

2.企业内部。调查企业的采购需求，包括需求商品的数量、规格、性质、底价等。

3.市场信息。调查市场的供需情况、商品价格现状及变化趋势。

三、调查时间

××××年××月××日～××××年××月××日。

四、调查方法

1.对于供应商和市场的调查采用问卷调查法。采购员向调查者发放问卷，回收问卷，以便直接向调查者搜集第一手资料。

2.对于企业内部的调查采用文案调查法。采购员搜集企业内、外部档案资料，搜集研究报告以及已公布的报告资料，对其加以整理、分析。

五、调查分工

1. 问卷调查法的调查分工。

采购市场调查小组主要包括调查组长、访问员、复核员3类人员，他们的具体分工如下。

(1)调查组长。

① 主要职责。负责实施过程的检查监督，实施结果的验收。负责确定访问员的人数。

② 岗位配置。1名，可配备1名副组长，协助组长工作。

(2)访问员。

① 主要职责。负责具体执行访问调查工作。负责按照调查要求获取第一手资料。

② 岗位配置。若干名，访问员的人数由调研组长根据调查项目的任务量和完成时间等实际情况确定。

(3)复核员。

① 主要职责。负责对回收的问卷进行复查，确认问卷的真实性。负责对数据进行加工整理和初步统计。负责确定问卷的复核比例和复核方式。

② 岗位配置。1～2名，复核员可由组长兼任或另外招聘。

2. 文案调查法的调查分工。

采购员负责搜集企业内、外部资料，对资料进行加工整理，形成调查报告。

六、调查进度安排

(一)调查阶段

时间：××月××日～××月××日。

各调查人员按照调查分工进行市场调查。

1. 问卷调查。

(1)培训访问员。

调查组长可对所有访问员进行培训，培训内容主要有以下3个方面。

① 本次市场调查的有关知识。

② 实施访问调查的技巧。

③ 问卷内容的解释及讨论。

(2)发放调查问卷。

① 确定问卷调查的调查路线和时间。

② 向特定的人群发放调查问卷。

(3)回收调查问卷。

调查组长可通过现场提交或邮寄这两种主要的方式回收访问员的调查问卷，回收率不低于____%。

2. 文案调查。

(1)查阅企业内部有关采购的档案资料，如企业采购的财务报告、采购记录、供应商档案、采购资料卷宗等。

(2)查找外部刊物及索引类资料，如工商企业名录、政府机构的统计调查报告、学术研究机构或民间机构发表的市场调查报告等。

（3）翻阅与采购原材料、零部件、设备、商品相关的专业书籍及杂志。

（二）整理分析阶段

时间：××月××日～××月××日。

采购员对收集到的资料进行整理，按照调查的内容、类别进行汇总分析，并加以编辑、分类制成表格，从而使调查资料变成可供分析的信息。

（三）调查结果应用阶段

时间：××月××日～××月××日。

根据市场调查信息，采购员预测市场需求。

执行部门		监督部门		编修部门	
执行责任人		监督责任人		编修责任人	

（2）设计采购市场调查问卷

市场调查问卷的设计一般包括 3 个步骤，分别为拟写问卷内容、设计问卷样式和测试与修改，如表 1-1 所示。

表 1-1　采购市场调查问卷设计步骤表

调查步骤	具体内容
拟写问卷内容	① 拟写卷首语文字 ② 拟写问卷过滤文字 ③ 编写问卷的主体 ④ 拟写背景调查资料
设计问卷样式	① 筛选问题，将问题排序 ② 设计问卷的版式并排版
测试与修改	测试设计好的问卷，修改测试后的问卷

由于调查目的不同，问卷在题型、问句、栏目、措辞、格式等方面会有所不同，但在构成上，大致相同。以下是供应商的调查问卷范例，仅供参考。

问卷名称	供应商的调查问卷	编　　号	
		受控状态	

为了解××原材料供应商的基本状况、供应能力、质量保障能力和该供应商对供应市场的看法等，掌握供应××原材料的供应商资料，了解××原材料采购市场的容量，特组织了本次问卷调查活动。

请积极参加我们的问卷调查，您的参与将为掌握××原材料市场的供应情况提供第一手资料，您的参与将为××产品的生产提供最有价值的信息。衷心地感谢您的合作。

填写要求：

① 请在所选答案题号上画"√"。

② 对注明需要您填写的内容,请在规定的地方填上您的意见。

1. 贵公司在检查××原材料的供应商资质过程中存在哪些问题?
□ 无法识别供应商资质资料的真实性
□ 供应商无法提供企业经营的证明资料
□ 可验证企业资产但无法获知企业服务态度的好坏
□ 没有上门考察,不确定供应商的真实情况

2. ××原材料的供应商进行交货时选择的是何种运输方式?
□ 陆运　　　　　　　□ 海运　　　　　　　□ 空运

3. ××原材料的供应商是怎样进行交货的?
□ 委托第三方物流　　□ 客户自提　　　　□ 供应商的物流送货

4. 购买××原材料时,选择的支付方式是哪种?
□ 预付款　　　　□ 分期付款　　　□ 延期付款

5. ××原材料的供应商的交货率是多少?
□ 90%以上　　□ 81%～90%　　□ 71%～80%　　□ 70%及以下

6. ××原材料的供应商无法按时交付的原因有哪些?
□ 供应商生产问题　　□ 供应商主观故意延期交货　　□ 物流条件不允许
□ 第三方物流的原因　　□ 自身仓库的原因　　　　　□ 其他原因

7. 在处理退换货过程中,××原材料的供应商如何处理?
□ 同意退货,立即处理　　□ 推卸责任,拒不处理
□ 同意退货,处理邋遢　　□ 经过协商,同意退换

8. 贵公司购买××原材料的退换货率是多少?
□ 0%～1%　　□ 1.1%～2%　　□ 2.1%～5%　　□ 5%以上

9. 对××原材料的供应商的满意度是多少?
□ 90%以上　　□ 81%～90%　　□ 71%～80%　　□ 70%及以下

10. 贵公司如何淘汰不合格的供应商?
□ 没有供应商淘汰制度,只是不再继续业务往来
□ 有供应商淘汰制度,但制度不太明晰
□ 有完善的供应商淘汰制度,按照评估数据进行淘汰,且严格执行检查和纠正机制

11. 是否有可替代的原材料? 具体有哪些?

_____

_____

12. 您对购买××原材料有什么建议或想法?

_____

_____

感谢您完成了这份调查问卷。谢谢您的参与!

编制人员		审核人员		审批人员	
编制时间		审核时间		审批时间	

1.1.2 采购需求确定步骤

确定采购需求时应遵循一定的步骤,方可确定出合理、科学的采购需求量,从而制订出合理的采购计划。采购需求确定步骤如图 1-2 所示。

预测采购需求	采购员在分析调查资料的基础上,根据过去和现有的已知因素,运用已知的知识、经验和科学方法,预测下一阶段的采购需求
汇总商品需求	采购员收集、汇总生产部、仓储部等各部门提交的"商品请购单",并编制"商品需求汇总表"
确定独立需求商品的需求数量	采购员根据需求预测以及各部门的实际需求状况,确定独立需求商品的需求数量
确定相关商品的需求数量	采购员确定独立需求商品的需求数量之后,应当进一步确定相关商品的需求数量,可用传统的订货点法处理,也可按照相关产品的需求量进行分解
确定采购需求数量	采购员确定上述两类商品需求数量之后,应根据库存状况及在途商品的状况,确定好采购需求数量
制订商品需求计划	采购员根据确定的采购需求数量制订商品需求计划,并将其报采购经理审核、总经理审批
确定本期采购需求	采购员结合上一周期生产销售状况和本年度的经营目标,再根据批准后的商品需求计划确定本期采购需求

图 1-2 采购需求确定步骤图

各部门使用"商品请购单"来提交商品需求,"商品请购单"如表 1-2 所示。汇总商品需求时,常用到"商品需求汇总表",其内容如表 1-3 所示。

表 1-2　商品请购单

请购日期：_____年___月___日　　需要日期：_____年___月___日

	部门		科室		申请人		请购单编号	
请购	请购商品的具体用途				紧急级别			
					□ 普通　　□ 速件　　□ 紧急			
	品名、规格、尺寸、功能	单位	数量	附件			1.部门主管签章	
				□ 附样品____个 □ 附　图____份 □ 设计图____份 □ 现场说明 □ 其他			2.采购经理签章	
				交货地点			3.总经理签章	
采购比价	品牌、厂商、规格、功能	单位/数量	报价（附估价单）	议价结果		采购建议		
				单价	总价			
	采购员比价的签章		□ 税外加 □ 税内加	□ 现金	订购日期		4.部门主管签章	
				□ 开票	交货日期			
				□ 票据	□ 订购单 □ 合约方式			
							5.总经理签章	
核实验收	交货日期		年　月　日	备注			6.验收人员签字	
	规格品名		□ 符合 □ 不符合	□ 保留　　□ 保修 □ 维修　　□ 保证书 □ 其他				
备注	第一联:采购单位(白);第二联:财务部(红);第三联:请购单位(蓝)							

表 1-3　商品需求汇总表

编号：　　　　　　　　　　　　　　　　　　日期：_____年___月___日

序号	需求部门	商品名称	规格型号	单位	数量	单价	需求金额	采购日期	备注
1									
2									

审批人：　　　　　　　　　审核人：　　　　　　　　　　制表人：

1.1.3　采购申请申报程序

采购申请申报是指企业内部各部门向采购部提出所需商品的种类、数量及相关信息，并填制一定形式的表格交给采购部。采购申请申报的程序主要包括以下三个方面，具体如图 1-3 所示。

填写申请　　生产部等需求部门填写"采购申请申报单"，上交给采购员，仓储部的正常库存补充计划由仓库管理员填写"采购申请申报单"上交给采购员，采购员整理成完整的"采购申请申报单"

汇总需求　　采购员汇总各部门的采购需求，确定需求商品的数量、规格型号、质量标准等信息

需求审批　　①在"采购申请申报单"提交总经理审批前，无论是部门申请还是仓库管理员提交的，均应经所在部门经理审核并签字
②部门经理批准后，"采购申请申报单"应交由采购员进行报价，且每样商品必须有三个以上的报价
③采购员在完成报价信息并找到适当商品后，采购经理在完整的"采购申请申报单"上签字，并提交总经理审批

图 1-3　采购申请申报程序图

采购员进行采购申请申报时，常用到"采购申请申报单"，具体如表 1-4 所示。

表 1-4　采购申请申报单

申请部门：　　　　　　　　　　　　　　　　申请日期：_____年___月___日

序号	商品名称	单位	数量	需求说明	需求日期	备注

审核人：　　　　　　　　　　　　　　　　　　申请人：

1.2
制订采购计划

1.2.1 采购计划编制步骤

采购需求确定后，采购员要根据采购需求制订相应的采购计划，编制采购计划时应遵循一定的步骤。采购计划编制步骤图如图 1-4 所示。

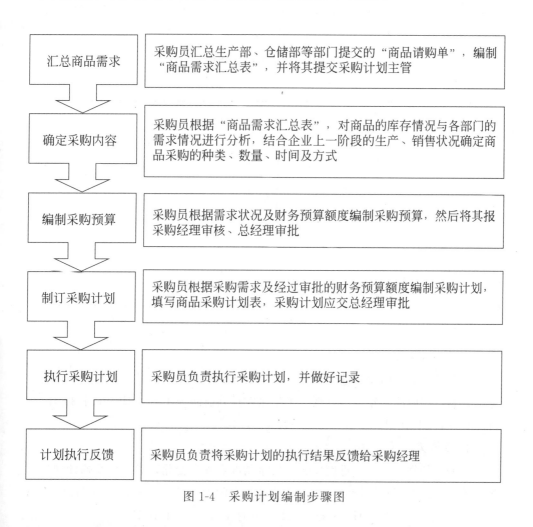

汇总商品需求	采购员汇总生产部、仓储部等部门提交的"商品请购单"，编制"商品需求汇总表"，并将其提交采购计划主管
确定采购内容	采购员根据"商品需求汇总表"，对商品的库存情况与各部门的需求情况进行分析，结合企业上一阶段的生产、销售状况确定商品采购的种类、数量、时间及方式
编制采购预算	采购员根据需求状况及财务预算额度编制采购预算，然后将其报采购经理审核、总经理审批
制订采购计划	采购员根据采购需求及经过审批的财务预算额度编制采购计划，填写商品采购计划表，采购计划应交总经理审批
执行采购计划	采购员负责执行采购计划，并做好记录
计划执行反馈	采购员负责将采购计划的执行结果反馈给采购经理

图 1-4 采购计划编制步骤图

1.2.2 采购计划分解方法

为了更好地执行采购计划，采购员需要对采购计划进行分解，编制更为具体的采购计划。常用的采购计划分解方法主要有两个：一是时间分解法；二是类别分解法。

（1）时间分解法

采购员根据年内生产进度安排、资金情况和库存变化，制订相应的年度、半年、季度、月、周或日采购计划。

① 年度采购计划。

采购员可以根据企业年度经营或生产计划、商品消耗定额、各部门商品需求以及现有库存情况，制订年度采购计划，报总经理批准后实施。年度采购计划时间为 1 月 1 日～12 月 31 日。年度采购计划如表 1-5 所示。

表 1-5　年度采购计划

编号：　　　　　　　　　　　　　　　　时间：_____ 年 ___ 月 ___ 日

品　名	1月	2月	3月	4月	5月	6月	7月	8月	9月	10月	11月	12月	合计
合　计													

制定人：　　　　　　　　　审核人：　　　　　　　　　批准人：

② 半年采购计划。

采购员依据年内生产进度安排、资金情况和库存变化，对年度采购计划进行分解，制订相应的半年采购计划。半年采购计划时间为 1 月 1 日～6 月 30 日、7 月 1 日～12 月 31 日。

③ 季度采购计划。

采购员依据年内生产进度安排、资金情况和库存变化，对年度采购计划进一步明确，制订季度采购计划。季度采购计划时间为 1 月 1 日～3 月 31 日、4 月 1 日～6 月 30 日、7 月 1 日～9 月 30 日、10 月 1 日～12 月 31 日。

④ 月度采购计划。

月度采购计划是采购员最常用的计划之一。月度采购计划的时间为每月月初到月末（如 1 月 1 日～1 月 31 日）。月度采购计划如表 1-6 所示。

表 1-6　月度采购计划

编号：　　　　　　　　　　　　　　　　　　填写日期：_____年____月____日

序号	预计采购日期	商品名称	商品类别	规格型号	质量标准	计划单价/元	数量	单位	合计/元	备注

制定人：　　　　　　　审核人：　　　　　　　　　　　　批准人：

⑤ 周或日采购计划。

企业根据生产或销售实际情况，可以编制周或日计划，即以周或日作为计量单位，将月度采购计划进一步分解。

（2）类别分解法

采购员根据不同品类的商品对企业利润的贡献度或策略的重要性，将商品进行分类，制订相应的最优品、满意品、较佳品、一般品采购计划。类别分解法如表 1-7 所示。

表 1-7　类别分解法

采购计划分类	具体说明
最优品采购计划	采购员对划分为最优品的采购商品,制订最优品采购计划,采购计划是随时监测商品销售状况,做好销售预测,全方位备货并频繁实施采购
满意品采购计划	采购员对划分为满意品的采购商品,制订满意品采购计划,采购计划是根据商品销售情况,多方位备货并实施高频次采购
较佳品采购计划	采购员对划分为较佳品的采购商品,制订较佳品采购计划,采购计划是依时机备货并根据具体情况实施采购
一般品采购计划	采购员对划分为一般品的采购商品,制订一般品采购计划,采购计划是重点备货,尽量低频次采购

1.2.3　采购计划调整步骤

采购员根据企业内外部采购环境的变化或竞争对手竞争战略的调整，时时调整采购计划。根据月度、季度、年度采购计划执行情况，调整相应的采购计划。调整采购计划时应遵循一定的步骤，采购计划调整步骤图如图 1-5 所示。

采购员在提交采购计划调整申请时，要向采购计划主管提交"采购计划调整申请表"，"采购计划调整申请表"如表 1-8 所示。

明确计划调整原因	采购员在采购计划执行中遇到需要调整原计划时，要有充分的调整理由，还要明确需要调整的内容
调查计划调整的影响分析	采购员要调查采购计划的调整会有哪些影响，采购计划的调整对生产部、仓储部等相关部门的年度计划有哪些影响
填写计划调整申请	采购员将计划调整的原因、调整的内容、调整的影响填入"采购计划调整申请表"，提交给采购计划主管审核、总经理审批
形成新的采购计划	采购员按照总经理、采购计划主管批准的内容调整原来的采购计划，形成新的采购计划
发放新的采购计划	采购员召集生产部、仓储部等受到计划调整影响的部门，发放新的采购计划，各部门根据新的采购计划调整本部门的计划
执行新的采购计划	采购员按照新的采购计划，执行采购任务，并做好采购记录，以便随时发现、解决问题
反馈计划执行情况	采购员负责将新的采购计划的执行结果反馈给采购计划主管

图 1-5 采购计划调整步骤图

表 1-8 采购计划调整申请表

申请部门		申请人	
申请调整的原因：			
申请调整的影响：			
申请调整的内容：			
审批意见：			

1.3

编制采购预算

1.3.1 采购预算影响因素

采购预算编制是企业确定并分配资金的过程，是全面预算管理的重要环节，预算编制不严谨、不合理，将直接对后期的项目评审、供应商筛选及采购绩效评价等工作造成严重影响。采购预算编制的影响因素主要有以下 7 个，具体如表 1-9 所示。

表 1-9　采购预算影响因素表

影响因素	具体阐述
采购环境	采购环境是指广义上的间接环境,主要包括内部的不可控因素和外部的不可控因素。内部有企业声誉、财务状况、原料供应情况,外部有社会环境、法律法规、行业竞争,这些因素会对采购预算编制造成影响
年度经营计划	年度经营计划是企业在年度内确定和组织全部生产经营活动的综合规划,有内部和外部不可控因素两个方面,对采购预算编制产生影响
年度生产计划	年度生产计划直接关系到企业商品需求量,若生产计划制订不合理,需要修正调整采购预算
用料清单	商品用料变更很大时,如果用料清单不做及时的反应与修订,就容易导致根据用料清单计算出来的商品需求数量与实际使用量或规格不尽相符,会造成采购数量过多或不及,商品规格过时或不易采购
存量管制卡	库存数量影响采购需求量,因而在编制采购预算时,若记录库存数量的存量管制卡的数据有误差,则会影响采购预算的正确性
商品标准成本的设定	在编制采购预算时,如果商品价格预测存在困难,多用标准成本代替核算,若此标准成本的设定,缺乏过去的采购资料作为依据,也没有对其原料、人工、制造费用等成本进行计算,就会影响采购预算编制的合理性
生产效率	生产效率的高低将会使预计的商品需求量与实际的耗用量之间产生误差。生产效率降低,导致原商品的单位耗用量增加,使得采购数量无法满足生产所需。效率提高,单位耗用量会减少,商品存在盈余。因此,当生产效率改变时,采购预算应将此类情况考虑进去,避免造成浪费

1.3.2 选择采购预算方法

企业在编制采购预算时，要选择合适的编制方法，常用的编制采购预算的方法有概率预算法、零基预算法、滚动预算法和弹性预算法。

（1）概率预算法

企业在采购预算期内，因采购员无法准确估算预算的采购量、采购价格和采购成本等项目，可通过大体估计它们发生变化的概率，以判断和估算各种因素的变化趋势、范围和结果，然后进行调整，计算出期望值的大小。概率预算的编制程序图如图 1-6 所示。

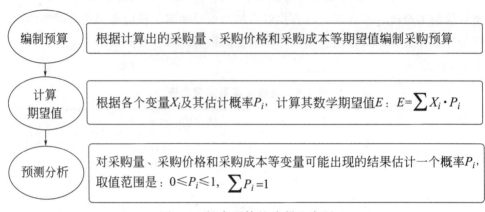

图 1-6　概率预算的编制程序图

下面是一则概率预算法的示例。

在商品流通型企业的采购工作中，一般会根据某商品的销售量、库存量计算出商品采购需求量，结合商品的采购价格，即可计算出商品的采购成本。

例如，某商品流通型企业预测其商品销售情况如下：某商品销售单价为 10 元，预计销售 10 000 件，现有库存量为 0。如果单价不变，则考虑到波动的可能性（概率）：销售 8 000 件的概率为 0.2，销售 10 000 件的概率为 0.5，销售 12 000 件的概率为 0.3。

经采购价格调查与分析得知，该商品供应商提供的生产成本资料：单位变动成本为 5 元，固定成本为 20 000 元。同时，单位变动成本 5.2 元的概率为 0.3，5 元的概率为 0.5，4.8 元的概率为 0.2。

在固定成本不变的情况下，该商品流通型企业运用概率预算法的计算步骤如下：

销售量的期望值＝8 000×0.2＋10 000×0.5＋12 000×0.3＝10 200（件）。

因该商品现有的库存量为 0，则其采购量应该等于其销售量，则：采购量期望值＝销售量期望值＝10 200（件）。

假设供应商在该采购业务中所获利润为 0，且其他采购成本忽略不计的前提下，商品的采购价格等同于其生产成本，则：

单位变动成本的期望值＝5.2×0.3＋5×0.5＋4.8×0.2＝5.02（元）。

单位商品生产成本＝单位变动成本＋单位固定成本＝5.02＋20 000÷10 200≈6.98（元）。

单位商品采购价格＝单位商品生产成本＋期望获得的利润＝6.98（元）。

商品的采购成本＝商品的采购价格×采购量期望值＝6.98×10 200＝71 196（元）。

（2）零基预算法

零基预算法是指企业编制采购预算时，不考虑以往的情况，一切以零为起点，根据未来一定时期采购需求，确定采购预算是否有支出的必要和支出数量的多少。零基预算的编制程序图如图1-7所示。

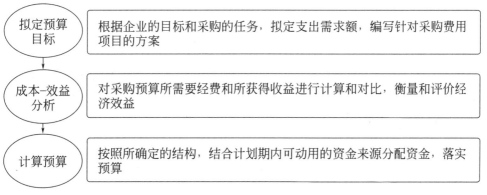

图1-7 零基预算的编制程序图

下面是一则零基预算法的示例。

某企业采购部根据本企业下半年的生产目标和本部门的采购任务，经过多次调查、研究讨论，得出计划期内的基本费用相关资料：采购成本为50 000元，采购运输费为10 000元，保险费为20 000元，市场调研费为10 000元，下单跟踪等行政费用为20 000元。

采购部通过分析，决定采用零基预算法编制采购预算。经过详细的研究，市场调研费和下单跟踪等行政费用根据以往的资料进行成本-效益分析，其分析的结果如表1-10所示。

表1-10 采购费用成本-效益分析表

明细项目	成本金额与效益金额的比值
市场调研费	1：20
下单跟踪等行政费用	1：30

采购员将这五项费用按照具体性质和轻重缓急，列出其开支层次和顺序：

① 第一层为采购成本、采购运输费、保险费。

② 第二层为市场调研费。

③ 第三层为下单跟踪等行政费用。

同时采购部获知，企业在采购计划期内实际可动用的采购资金为 100 000 元。

企业应根据采购预算的开支层次和顺序分配资金。其中，必须得到资金支持的是采购成本、采购运输费、保险费，合计为 80 000 元，剩余资金为 20 000 元，按照成本效益率的比例分配给市场调研费和下单跟踪等行政费用，其额度分配的计算公式如下。

$$市场调研费 = 20\ 000 \times \frac{20}{20+30} = 8\ 000\ 元$$

$$下单跟踪等行政费用 = 20\ 000 \times \frac{30}{20+30} = 12\ 000\ 元$$

通过上述分配可知，在可动用资金为 100 000 元的前提下，采购成本、采购运输费、保险费、市场调研费、下单跟踪等行政费用的预算金额分别为 50 000 元、10 000 元、20 000 元、8 000 元、12 000 元。

（3）滚动预算法

企业在编制采购预算时，将采购预算期与会计期间脱离开，随着采购预算的执行不断地补充预算，逐期向后滚动，使采购预算期间始终保持在一个固定的长度。

企业利用滚动预算法编制采购预算时，先按年度分季，并将第一季度按月划分，编制第一季度各月的详细预算数字，以便监督和控制预算的执行，至于第二～第四季度的预算则可以粗略记录，只需列出各季度总数。

到第一季度结束后，结合第一季度的预算完成情况，调整和修改第二季度的预算。第二季度的采购预算也按月细分，第三、第四季度以及增列的下一年度第一季度，只需列出各季度的总数，依此类推，使预算不断地滚动下去，提高采购预算的准确性，保证采购项目支出的连续性和完整性。滚动预算的编制示意图如图 1-8 所示。

（4）弹性预算法

在采购预算编制时，考虑到计划期间的各种可能变动因素的影响，编制出一套适合多种业务量的预算，由于这种预算会随着业务量的变化而进行调整，具有弹性，因此这种预算编制方法称作弹性预算法。弹性预算的编制程序图如图 1-9 所示。

弹性预算法的计算公式如下页所示。

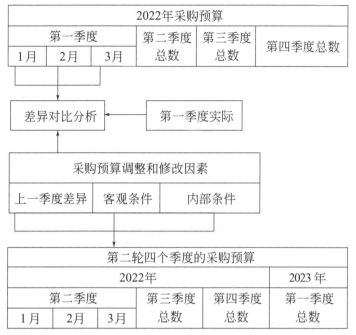

图 1-8　滚动预算的编制示意图

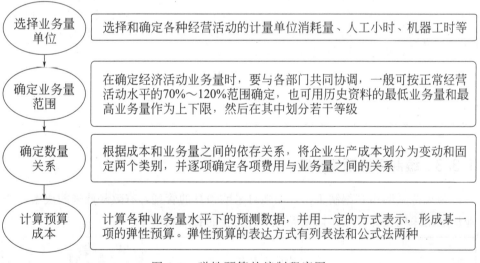

图 1-9　弹性预算的编制程序图

弹性成本费用预算＝固定成本费用预算＋单位变动成本费用率×业务量水平。

4 种采购预算法的优缺点和适用范围如表 1-11 所示。

表 1-11　4 种采购预算法的优缺点和适用范围

方法	优点	缺点	适用范围
概率预算法	拓宽了变量的范围,改善了预算指标的准确程度	预算的准确率低	适用于难以准确预测变动趋势的采购预算项目,如开发新项目
零基预算法	确保重点采购项目的实施,有利于合理配置资源,切实提高企业采购资金的使用效益	工作量大,需要投入大量的人力成本	适用于各种采购预算项目
滚动预算法	① 利于根据前期预算的执行情况及时调整和修订近期预算 ② 有助于保证采购支出的连续性和完整性 ③ 能够充分发挥预算的指导作用和控制作用	操作复杂,工作量大	适用于规模较大、时间较长的工程类或大型设备采购预算项目
弹性预算法	① 克服了传统预算编制方法的缺陷,扩大了预算的适用范围 ② 有利于客观地对预算执行情况进行控制、考核、评价 ③ 避免了由于业务量发生变化而频繁地修订预算	操作复杂,工作量大	① 适合于采购数量随着业务量变化而变化的采购预算项目 ② 适用于市场价格及市场份额不确定的企业

1.3.3　编制采购预算方案

为规范采购预算编制工作,加强对采购预算的管理,有效降低采购成本,企业应制定采购预算方案,以便提高采购资金的有效利用率。

方案名称	采购预算方案	编　　号	
		受控状态	

一、目的

为了规范采购预算的编制,制定科学合理的采购预算,有效指导采购作业,控制采购成本,特制定本方案。

二、适用范围

适用于具备采购预算编制管理工作的企业。

三、采购预算编制分工

(一)采购部

1. 采购员根据采购计划、商品标准成本、采购价格预期等资料,编制采购预算。

2. 采购员与财务部经理进行采购预算平衡,形成正式的采购预算书。

(二)财务部

财务部经理与采购员一起编制采购预算,对其进行综合平衡,并从财务角度审核采购预算。

(三)其他相关部门

负责将本部门的采购需求及时上报采购部,并向采购部提供需求商品的标准成本、价格信息等。

四、选择合适的预算编制方法

编制预算的方法有概率预算法、零基预算法、滚动预算法和弹性预算法等。根据编制预算方法的特点,选择滚动预算法作为编制方法。

五、编制采购预算

(一)滚动预算法编制时间

每月____日前编制采购预算,并于____日前提交至总经理审批。

(二)滚动预算法编制基本要求

1. 列入采购预算的各种商品的采购数量和金额,必须以企业生产和经营所必须为基础。

2. 采购滚动预算的前 3 个月数据应精确,后 9 个月度数据可粗略。

六、滚动预算编制程序

1. 明确编制时间。采购员在编制采购预算时间内着手编制采购滚动预算。

2. 整理资料。采购员收集上期预算以及近期商品需求资料,作为编制本次预算的资料。

3. 编制采购预算。

① 采购员根据上期预算数据填写上月实际数额。

② 采购员根据近期商品需求数据编制近期采购预算。

③ 采购员应在"采购滚动预算表"中填写具体数据。

七、采购预算审批与执行管理

(一)采购预算的审批

1. 采购员应采用目标数据与历史数据相结合的方法确定预算数,据此编制采购预算草案,并递交财务部进行审核。

2. 采购员与财务部进行协商,在充分考虑到企业的现实状况、市场状况和企业预算整体的基础上,对采购预算草案进行审核修改。

(二)预算外采购审批

预算外的采购行为必须经采购主管、采购经理、总经理逐级审批后方可执行,否则必须按采购预算相关内容进行采购行为。

(三)采购预算的执行

1.经核定的分期采购预算,在当期未动用者,不得保留。确有需要的,下期补办相关手续。

2.未列入预算的紧急采购,由使用部门领用后,补办追加相关的预算。

3.采购预算除由使用部门严格执行外,由采购部、仓储部加以配合和控制。

执行部门		监督部门		编修部门	
执行责任人		监督责任人		编修责任人	

采购预算编制过程中会使用"采购滚动预算表","采购滚动预算表"如表 1-12 所示。

表 1-12　采购滚动预算表

编号:_____　　　　　　　编制时间:_____年___月___日

序号	商品名称	规格编号	___月预算数	___月实际数	___月预算数	___月预算数	___月预算数	___月预算数	___月预算数	___月预算数	总计
总计											

编制人员:　　　　　　　　　　　审批人:

第 2 章

采购方式与采购程序管理

2.1

战略采购

2.1.1 了解战略采购方式

战略采购是指以降低采购商品的总成本，提高竞争能力为目的的一种采购方式。战略采购是区别于传统采购而言的，两者的不同之处在于：战略采购关注的是总成本，而传统采购关注的则是价格。战略采购与传统采购的区别如表 2-1 所示。

表 2-1　战略采购与传统采购的区别

项目	战略采购	传统采购
价格	追求整个采购过程中最低的总成本	追求最低的采购单价
供应商	建立战略合作伙伴关系，长期发展	既存在合作关系又存在竞争关系，短期合作
需求	按需采购，供应商动态掌握着采购方的需求	按照采购需求执行采购

战略采购主要有四种方式：集中采购、扩大供应商基础、优化采购流程、产品和服务的统一。

（1）集中采购

通过集中采购部的采购需求，提高采购方的议价能力，降低企业的采购成本，巩固与供应商之间的关系，与供应商达成更好的合作。集中采购可降低采购管理的工作量，提高工作效率和采购服务的标准化。

（2）扩大供应商基础

通过引入更多的供应商，让供应商之间形成良性竞争，帮助企业寻找更合适的商品，提升企业的采购水平。

（3）优化采购流程

通过优化采购流程、缩减采购环节来降低采购处理成本和仓储成本，有效降低整体采购成本。

（4）产品和服务的统一

提高产品和服务的统一性，充分考虑产品储存、维护、更新换代等环节的运作成本，优化整体采购流程。

2.1.2 确定战略采购程序

实施战略采购时应遵循相应的程序，战略采购的基本程序主要包括以下 9 个方面，战略采购程序图如图 2-1 所示。

成立战略采购小组	采购员组织成立战略采购小组，战略采购小组由采购部、技术部、质量管理部等相关部门的工作人员组成
进行采购支出分析	采购员进行采购支出分析，对采购商品进行品类划分，从数据库中提取各种采购信息，对数据进行分析和整理，做出判断
进行需求整合分析	采购员对各部门提交的采购需求进行归纳和整理，将相同或类似的需求归在一起，进行分析，挖掘要实现的产品目标
进行供应市场分析	对供应市场进行调查，评估产品潜在的商机，评估产品的市场利润，判断采购需求和供应产品的市场供货率
进行商品分类	对不同需求的产品进行分类，判断商品的采购重点和采购偏好，然后制定不同类型的供应商选择标准，根据标准进行供应商的筛选工作
探讨采购策略	根据调查的情况，初步拟定采购策略，确定采购需求和采购计划，并制定相关商品的招标要求，与利益相关方探讨制定采购策略
选择供应商	通过各种方式进行供应商的开发和选择工作，评估供应商的基本信息，评估供应商质量、成本、交期、技术、管理和财务，筛选出企业所需供应商
进行采购谈判	组建采购团队，提前掌握产品的全面信息，善于运用采购价格谈判技巧，在询价、讨价、议价、砍价等方面与供应商进行有技巧的沟通，直至达到双方满意的效果
对供应商进行分类	依据采购管理属性对供应商进行分类，为制定合适的供应商的管理策略提供指引

图 2-1　战略采购程序图

2.2

招标采购

2.2.1 了解招标采购方式

招标采购是指采购部提出招标项目，向社会发布采购需求，进行招标活动，在投标的供应商之间做出最优选择的一种采购方式。

招标分为公开招标和邀请招标两种方式，两者的区别如表2-2所示。

表 2-2　公开招标和邀请招标的区别

项目	公开招标	邀请招标
定义	发布招标公告邀请不特定的供应商参与投标	以投标邀请书的方式邀请特定的供应商参与投标
优点	竞争性强，选择性大，有利于选出最合适的供应商	耗费时间短，工作量小，招标成本低
缺点	耗费时间长，工作量大，招标成本高	竞争性弱，选择性小，不利于选出最合适的供应商
适用范围	适用于规模较小的采购项目，可减少工作量，降低采购成本	适用于投标人较少，采购时间短，不能进行公开招标的某些特殊采购项目

2.2.2 确定招标采购程序

（1）公开招标采购程序

公开招标采购程序主要包括以下5个方面，具体如图2-2所示。

（2）邀请招标采购程序

邀请招标与公开招标的采购程序基本相同，但两者也存在部分差异。

① 发布招标方式不同。公开招标采用公告的形式发布；邀请招标采用投标邀请书的形式发布。

② 招标范围不同。公开招标面向全社会的供应商；邀请招标仅限于特定范围内的供应商。

③ 竞争程度不同。公开招标竞争程度大；邀请招标竞争程度小。

④ 花费成本不同。公开招标花费多，耗时长；邀请招标花费少，耗时短。

编制招标文件	①根据采购需求，编制招标文件，招标文件应该载明招标人的名称和地址、招标项目的性质、数量、实施地点和时间以及获取招标文件的办法等事项 ②招标文件应当包括招标项目的技术要求、对投标人资格审查的标准、投标报价要求和评标标准等所有实质性要求和条件，以及拟好签订合同的主要条款 ③通过信息网络或者其他媒介发布招标公告
投标	①投标人应当按照招标文件的要求编制投标文件，投标文件应当对招标文件提出的实质性要求和条件作出响应 ②投标人应当在招标文件要求提交投标文件的截止时间前，将投标文件送达投标地点 ③采购员收到投标文件后，应当签收保存，不得开启。投标人少于三个的，采购员应当重新招标
开标	①采购员应当在投递投标文件截止时间的同一时间公开进行开标，开标地点为招标文件中预先确定的地点 ②采购员主持开标，邀请所有投标人参加 ③开标时，由投标人或者其推选的代表检查投标文件的密封情况，也可以由采购员委托的公证机构检查并公证，经确认无误后，由工作人员当众拆封，宣读投标人名称、投标价格和投标文件的其他主要内容
评标	①由采购员和技术、质量方面的专家组成评标委员会 ②评标委员会按照招标文件确定的评标标准和方法，对投标文件进行评审和比较。设有标底的，应当参考标底 ③评标委员会完成评标后，应当向采购员提出书面评标报告，并推荐合格的中标候选人
确定中标结果	①中标人确定后，采购员应当向中标人发出中标通知书，同时将中标结果通知所有未中标的投标人 ②采购员和中标人应当自中标通知书发出之日起__日内，按照招标文件和中标人的投标文件订立书面合同 ③在确定中标人前，采购员不得与投标人就投标价格、投标方案等实质性内容进行谈判，不得私下接触投标人，不得收受投标人的财物或者其他好处

图 2-2 公开招标采购程序图

2.3

谈判采购

2.3.1 了解谈判采购方式

谈判采购是指由采购员组建的谈判小组与响应采购的供应商分别进行一轮或多轮谈判，并对供应商提交的响应文件进行评审，采购员根据谈判小组最终谈判结果及其评审结论，确定供应商的一种采购方式。

谈判采购主要有两种方式：合作谈判、竞争谈判，两者的区别如表 2-3 所示。

表 2-3　合作谈判与竞争谈判的区别

项目	合作谈判	竞争谈判
定义	合作谈判指当采购目标需求明确但不具备招标条件时，只能通过公开谈判的方式同供应商签订采购合同并建立战略合作伙伴关系	竞争谈判是指当采购功能需求明确且具备一定竞争条件时，采购员与符合资格条件的供应商进行谈判，供应商要按照谈判文件的要求提交响应文件和最后报价，采购员从谈判小组提出的成交候选人中确定成交人的采购方式
优点	直接进行谈判，对抗性小，谈判的面广且深，影响面大，减少中间环节，降低谈判费用	采用竞争性谈判方式可简化采购程序，提高效率，有利于紧急采购或者经营项目较少的采购，确保采购安全，防范采购风险
缺点	耗时较长	使用范围受限
适用范围	适用于需要长期稳定供应，采用招标或其他采购方式不可能满足需求的采购	适用于技术复杂或者性质特殊，不能确定详细规格或者具体要求的采购，适用于采用招标所需时间不能满足用户紧急需要的采购

2.3.2 确定谈判采购程序

（1）合作谈判采购程序

合作谈判采购的基本程序主要包括以下 5 个方面，具体如图 2-3 所示。

组建谈判小组	依据谈判项目的特点组建谈判小组，小组成员包括相关部门的主要负责人和技术专家，必要时可聘请外部专家参加谈判
确定谈判目标	①确定谈判目标，分为短期或长期目标。寻找谈判问题和焦点，归纳阻碍实现目标的问题。熟悉谈判对手，包括决策者、对方、第三方。进行风险预判 ②确定谈判预案，了解双方各自利益所在，在现有方案的基础上寻求更佳方案，创造出新的价值，确定无法按照企业计划达成协议时的其他最优方案 ③确定企业内部决策的程序，如投票制、协商制等
进行谈判准备	①分析双方需求或利益，了解谈判各方的想法，注意对方的沟通风格、习惯和关系，确定谈判准则，了解对方谈判的准则和规范 ②研究可以实现目标、满足需求的方案，分析共同的竞争对手，制定风险防范预案
进行谈判管理	①根据谈判预案，谈判小组陈述己方意见，依照谈判议程、注意谈判截止时间以及需要改善的谈判环境，分析破坏谈判的因素、谈判中的欺诈因素，调整最佳方案或优先方案 ②根据谈判的目标，在谈判取得阶段性成果时评价实现目标的程度，决定是否继续谈判，是否进一步结成联盟或中止联系
签订采购合同	①双方经过多轮谈判最终实现双赢达成合作意向，签订正式合同 ②双方根据谈判结果拟定相应的采购合同，共同签署采购合同，建立战略合作伙伴关系

图 2-3 合作谈判采购程序图

（2）竞争谈判采购程序

竞争谈判采购的基本程序主要包括以下 6 个方面，竞争谈判采购程序图如图 2-4 所示。

组建谈判小组	谈判小组由采购员和有关专家共3人以上的单数组成，其中专家的人数不得少于成员总数的2/3
制定谈判文件	谈判文件应当明确谈判程序、谈判内容、合同草案的条款以及评定成交的标准等事项
确定供应商名单	谈判小组从符合相应资格条件的供应商名单中确定不少于3家的供应商参加谈判，并向其提供谈判文件
进行谈判	谈判小组所有成员与供应商分别进行谈判。在谈判中，谈判的任何一方不得透露与谈判有关的其他供应商的技术资料、价格和其他信息。谈判文件有实质性变动的，谈判小组应当将变动内容以书面形式通知所有参加谈判的供应商
确定供应商	谈判结束后，谈判小组应当要求所有参加谈判的供应商在规定时间内给出最终报价，采购员从谈判小组提出的成交候选人中，根据采购需求、质量、服务和报价确定成交供应商，将结果通知所有参加谈判的未成交的供应商
签订采购合同	①双方经过多轮谈判最终实现双赢达成合作意向，签订正式合同 ②双方根据谈判结果拟定相应的采购合同，共同签署采购合同，建立战略合作伙伴关系

图 2-4　竞争谈判采购程序图

2.4

询比采购

2.4.1　了解询比采购方式

询比采购是指在采购需求明确后，采购员依照既定程序向 3 家以上的供应商询问价格信息，然后对供应商的报价进行综合比较，最终确定供应商的一种采购方式。

询比采购的优缺点和适用范围如表 2-4 所示。

表 2-4　询比采购的优缺点和适用范围

项目	询比采购
优点	采购方式简单，需求明确，耗费时间短，采购部可以择优录取
缺点	供应商的报价一经报出，不得更改，适用范围较窄
适用范围	适用于可准确提出采购项目需求和技术要求，且市场竞争比较充分的采购项目

2.4.2 确定询比采购程序

询比采购的基本程序主要包括以下 6 个方面，具体如图 2-5 所示。

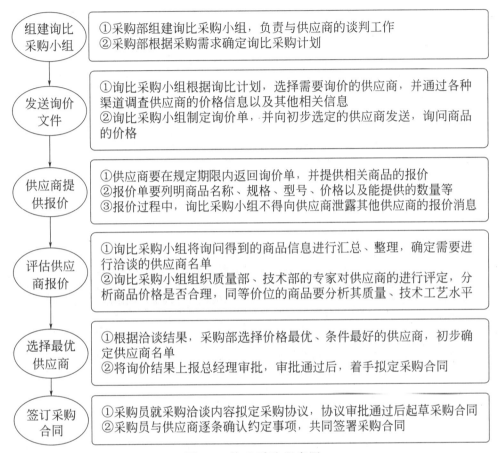

组建询比采购小组
①采购部组建询比采购小组，负责与供应商的谈判工作
②采购部根据采购需求确定询比采购计划

发送询价文件
①询比采购小组根据询比计划，选择需要询价的供应商，并通过各种渠道调查供应商的价格信息以及其他相关信息
②询比采购小组制定询价单，并向初步选定的供应商发送，询问商品的价格

供应商提供报价
①供应商要在规定期限内返回询价单，并提供相关商品的报价
②报价单要列明商品名称、规格、型号、价格以及能提供的数量等
③报价过程中，询比采购小组不得向供应商泄露其他供应商的报价消息

评估供应商报价
①询比采购小组将询问得到的商品信息进行汇总、整理，确定需要进行洽谈的供应商名单
②询比采购小组组织质量部、技术部的专家对供应商的进行评定，分析商品价格是否合理，同等价位的商品要分析其质量、技术工艺水平

选择最优供应商
①根据洽谈结果，采购部选择价格最优、条件最好的供应商，初步确定供应商名单
②将询价结果上报总经理审批，审批通过后，着手拟定采购合同

签订采购合同
①采购员就采购洽谈内容拟定采购协议，协议审批通过后起草采购合同
②采购员与供应商逐条确认约定事项，共同签署采购合同

图 2-5　询比采购程序图

2.5
竞价采购

2.5.1 了解竞价采购方式

竞价采购是指采购员定好竞价条件，公开发布竞价公告，供应商要按照采购文件规定的规则和时限多次提交竞争性报价，采购员对供应商的竞价进行评价排

序并确定成交供应商的一种采购方式。

竞价采购的优缺点和适用范围如表 2-5 所示。

表 2-5　竞价采购的优缺点和适用范围

项目	竞价采购
优点	允许供应商进行多次报价，实现动态报价，有利于选择符合预期的供应商，缩短寻找供应商的时间，节省时间成本
缺点	采购周期长，需要的文件繁琐，会考虑不周全
适用范围	通常适用于技术参数明确、完整，规格标准基本统一、通用，市场竞争比较激烈的采购项目，或者以价格竞争为主的商品出售、权益出让等交易活动，且通常在电子竞价平台上在线进行

2.5.2　确定竞价采购程序

竞价采购的基本程序主要包括以下 6 个方面，具体如图 2-6 所示。

编制竞价邀请函	①采购员编制并向3家以上供应商发出竞价邀请函或公告 ②竞价邀请函或公告主要包括：参与竞价的供应商需满足的数量要求，确定竞价规则，确定是否需要缴纳竞价保证金，确定成交供应商的标准，确定提交报价的形式，如信函、电子文件等内容
组建评审小组	采购员依据项目的复杂程度和技术要求组建评审小组，是否需要从企业咨询专家委员会聘请专家参加评审小组由采购员决定
供应商报价	①从竞价邀请函或公告发出之日起到供应商提交响应文件截止之日终止不得少于＿日 ②允许每个供应商按规定的方式，在规定的时间内一次报价或多次报价，并在规定截止时间后报出不可更改的价格
确定报价标准	中选报价应当是满足竞价邀请函或公告中列明的采购人需要的最低报价
选择最优供应商	①根据洽谈结果，采购部选择价格最优，条件最好的供应商，初步确定供应商名单 ②将竞价结果上报采购经理审批，审批通过后，着手拟定采购合同
签订采购合同	①采购员拟定采购协议，协议审批通过后起草采购合同 ②采购员与供应商逐条确认约定事项，共同签署采购合同

图 2-6　竞价采购程序图

2.6

直接采购

2.6.1 了解直接采购方式

直接采购是一种非竞争性的采购方式,由采购员组建谈判小组与一家供应商进行谈判,采购员根据谈判结果直接签订合同的一种采购方式。

直接采购的优缺点和适用范围如表2-6所示。

表 2-6 直接采购的优缺点和适用范围

项目	直接采购
优点	程序单一,耗时短,双方可就采购信息进行充分的探讨
缺点	由于商品来源比较单一,遇见突发情况(火灾、地震等)会导致上游供应链断裂,企业需要重新选择合适的供应商,增加了采购支出,不利于企业的长远发展
适用范围	① 只能从唯一供应商处采购的,包括需要采用不可替代的专利或专有技术的 ② 为了保证采购项目与原采购项目技术功能需求一致或配套的要求,需要继续从原供应商处采购的 ③ 因抢险救灾等不可预见的紧急情况需要进行紧急采购的 ④ 为执行创新技术推广运用,提高重大装备国产化水平,需要直接采购的 ⑤ 涉及国家秘密或企业秘密不适宜进行竞争性采购的 ⑥ 潜在供应商与企业存在控股或者管理关系,且依法有资格能力提供相关商品的

2.6.2 确定直接采购程序

直接采购的基本程序主要包括以下6个方面,具体如图2-7所示。

确定邀请方式	采购员采用邀请函方式邀请供应商，直接采购的商品应是企业有关部门批准或属企业采购清单目录内项目
采购准备	采购员应根据需求对采购商品的市场价格、质量、供货能力以及税率等重要信息进行充分调查摸底
发出采购订单	采购员向特定供应商发出采购订单，采购订单主要包括：采购地址、供应商地址、订单号码、采购日期、品名、规格、数量、币种、单价、总价、交货条件、付款条件、税别、单位、交货地点、交货时间、包装方式、检验、交易模式等内容
组建采购小组	采购员组建采购小组，根据需要决定是否聘请有经验的咨询专家参加采购小组
采购协商	采购小组与供应商协商的主要内容应包括：价格、质量、交付量、交付地点等内容
签订采购合同	采购部根据谈判内容拟定采购合同，审批通过后，双方共同签署采购合同

图 2-7　直接采购程序图

2.7

电子采购

2.7.1　了解电子采购方式

电子采购是采购员依托互联网及其电子交易系统，与供应商共同以数据电文形式，完成采购交易全部或者部分流程的一种采购方式。

电子采购的优缺点和适用范围如表 2-7 所示。

表 2-7　电子采购的优缺点和适用范围

项目	电子采购
优点	电子采购方式效率高、选择范围广、采购成本低、方式灵活
缺点	价格波动幅度大、质量得不到保证、售后得不到应有的服务
适用范围	① 非招标方式采购活动采用电子采购方式 ② 国有资金占控股或主导地位的采购项目和属于依法必须招标范围但符合规定免于招标的项目，应当优先采用电子采购方式

2.7.2 确定电子采购程序

电子采购的基本程序主要包括以下 8 个方面，具体如图 2-8 所示。

注册采购项目	采购员通过电子交易平台注册采购项目基本信息并共享至公共服务平台。注册采购项目应录入项目采购主体基本信息、采购内容范围、联系人等
发布采购公告	采购员在电子交易平台公开发布采购公告，采购公告应载明：电子采购交易内容范围、电子交易平台的名称和网址、供应商基本信息、在线递交供应商资格申请文件
递交接收保证金	①要求供应商提交响应保证金的，供应商应在截止时间前，通过电子交易平台或其对接的第三方在线支付平台或银行在线支付系统递交响应保证金 ②采购员可通过电子交易平台或其对接的第三方在线支付平台或银行在线支付系统的账户核验与接收响应保证金
递交开启响应文件	①供应商应按采购文件的相关要求编制响应文件，并通过互联网将响应文件送达，采购员实时向供应商发出确认收件的回执 ②通过互联网向所有供应商展示已开启响应文件的报价等约定公开的信息
组织谈判	谈判小组通过电子交易平台的谈判评审功能模块，按照采购文件规定的评审要素标准检查、分析和评价响应文件，向采购员推荐候选成交供应商
确定成交供应商	采购员根据采购项目特点要求，通过电子交易平台推荐的候选成交供应商名单及其基本信息，在候选成交供应商名单中，依据采购文件约定方式，自主选择确定成交供应商
告知成交结果	采购员通过电子交易平台向成交供应商发出成交通知书，并通过电子交易平台发布成交公告
签订采购合同	采购员通过电子交易平台与成交供应商签订数据电文形式的采购合同，并按照有关规定，向公共服务平台公布采购合同订立和履行结果的信息

图 2-8 电子采购程序图

2.8

集中采购

2.8.1 了解集中采购方式

集中采购是指采购部对各部门的采购需求进行集中管理，形成一个统一的采购计划，通过采购员与供应商进行谈判，获取大规模优惠条件的一种采购方式。

集中采购是区别于分散采购而言的，两者的不同之处在于：集中采购是采购部统一采购各部门所需商品，分散采购则是各部门独立采购各自所需商品。集中采购与分散采购的区别如表 2-8 所示。

表 2-8　集中采购与分散采购的区别

项目	集中采购	分散采购
优势	集中采购有利于降低采购成本,提高工作效率,还能与供应商建立良好的战略合作伙伴关系	分散采购有利于需求部门与供应商直接沟通,减少内部流程
劣势	采购与需求不能紧密联系,对于急需、小量的采购业务不能及时反映	各部门分散采购,价格优惠较少,增加采购支出,浪费人力和物力
适用范围	集中采购适用于批量较大,商品市场资源不稳定、价格比较高的商品采购	分散采购适用于需求部门与企业总部距离较远,运费较高,不适合集中采购的情况

2.8.2　确定集中采购程序

集中采购的基本程序主要包括以下 6 个方面，具体如图 2-9 所示。

编制集中采购计划	根据汇总的采购需求，确定企业需要使用集中采购模式进行采购。根据需求及库存情况编制采购计划，确定需要采购的数量、采购预算、交期等
制定采购方案	采购部根据采购计划，编制采购方案，采购方案要确定好采购的周期、采购时间、采购地点、采购分工、采购方式
选择采购供应商	①根据采购计划，寻找相匹配的供应商，供应商的寻找可采用招标、谈判、竞价、询比等方式来进行 ②调查选择出的供应商的基本情况和供货情况，初步选择多家符合条件的供应商
进行采购谈判	采购部与选定的供应商进行价格谈判，运用合适的采购技巧促使供应商答应提出的条件
确定中标成交结果	①谈判结束后，综合评估，选择最接近采购计划的供应商 ②采购部与选择的供应商共同确认双方约定的商品价格、数量、交期、售后服务、付款方式等内容
签订采购合同	采购部根据谈判条件，拟定采购合同，合同经采购经理审批通过没有异议后，采购部和供应商签署采购合同

图 2-9　集中采购程序图

2.9

▶▶

JIT 采购

2.9.1 了解 JIT 采购方式

　　JIT（Just In Time）采购指按需采购，即在恰当的时间、恰当的地点，供应商以恰当的数量、恰当的质量、恰当的价格，为企业提供恰当的商品的一种采购方式。

　　JIT 采购的优缺点和适用范围如表 2-9 所示。

2.9.2 确定 JIT 采购程序

　　JIT 采购的基本程序主要包括以下 7 个方面，具体如图 2-10 所示。

组建JIT采购小组	采购部组织成立JIT采购小组，JIT采购小组成员由具有需求的各个部门人员组成，小组成员要具备专业化的素质，能了解JIT采购方式的内涵
制订采购计划	采购部应根据企业生产计划、库存情况制订合理的采购计划，采购计划的制订要保证采购的商品能保质保量、及时地送达
选择供应商	①运用多种手段选择合适的供应商，供应商的选择应重视供应商的生产能力、商品质量、交货期、交货方式以及与供应商的长期合作关系 ②选择供应商后要对供应商进行全面的评估，评估合格后，与供应商进行价格的谈判工作，谈判顺利结束后，双方签订采购合同
开展试点工作	为保证采购工作顺利进行，可选择某商品作为试验品，进行JIT采购的试点工作
开展供应商培训工作	根据供应商的履约情况和供货质量，对供应商开展培训工作，促进双方达成一致
颁发供应商合格证书	通过试点考核和检验的供应商，可颁发免检合格证书
实施JIT采购	试点工作及培训工作完成后，正式开展JIT采购工作

图 2-10　JIT 采购程序图

表 2-9　JIT 采购的优缺点和适用范围

项目	JIT 采购
优点	① 库存的周转速度快，减少库存使用空间 ② 投入资金少，仅在需要时订购商品 ③ 防止存放时损坏或淘汰商品，减少浪费
缺点	① 需求预测不正确的话，没有足够的商品提供给消费者使用，存在缺货的风险 ② 不可靠的供应商关系会限制订单的收货，延迟企业的生产计划
适用范围	适用于小批量、多品种的采购

2.10

供应链采购

2.10.1　了解供应链采购方式

供应链采购是指供应链的内部企业之间的采购，供应链的内部企业的采购员将需求信息和库存情况传递给供应商，供应商根据企业的需求和库存情况，制订相应生产计划和供货计划的一种采购方式。

供应链采购区别于传统采购而言，供应链采购更注重与供应商的战略合作关系以及采购订单的精细化管理。供应链采购与传统采购的区别如表 2-10 所示。

表 2-10　供应链采购与传统采购的区别

项目	供应链采购	传统采购
性质	基于需求进行采购	基于库存进行采购
供应商	与供应商之间为战略合作伙伴关系，双方信息共享、信息连通	与供应商之间为竞争关系，双方信息保密，信息不通
库存	零库存	高库存
仓库	小	大
合作时长	长期	短期
采购数量	小批量	大批量

2.10.2　确定供应链采购程序

供应链采购的基本程序主要包括以下 7 个方面，具体如图 2-11 所示。

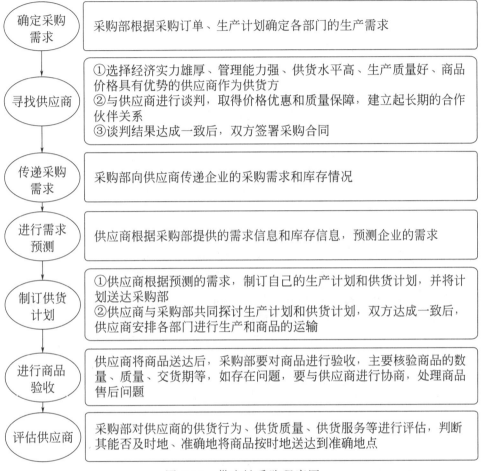

图 2-11　供应链采购程序图

2.11

政府采购

2.11.1　了解政府采购方式

政府采购是指各级国家机关、事业单位和团体组织，为开展公共服务或满足日常政务需要，使用财政性资金进行采购的一种采购行为。

政府采购常用的形式有：公开招标、邀请招标、竞争谈判、直接采购、询价采购等。

公开招标是政府采购常用的采购方式。

2.11.2 确定政府采购程序

政府采购的基本程序主要包括以下 5 个方面，具体如图 2-12 所示。

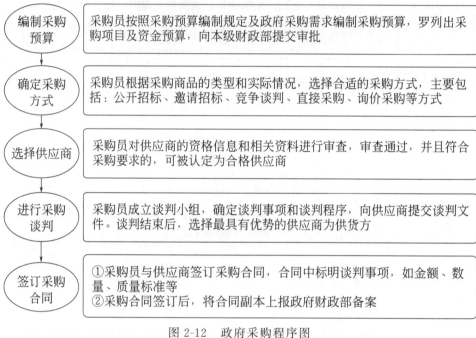

编制采购预算	采购员按照采购预算编制规定及政府采购需求编制采购预算，罗列出采购项目及资金预算，向本级财政部提交审批
确定采购方式	采购员根据采购商品的类型和实际情况，选择合适的采购方式，主要包括：公开招标、邀请招标、竞争谈判、直接采购、询价采购等方式
选择供应商	采购员对供应商的资格信息和相关资料进行审查，审查通过，并且符合采购要求的，可被认定为合格供应商
进行采购谈判	采购员成立谈判小组，确定谈判事项和谈判程序，向供应商提交谈判文件。谈判结束后，选择最具有优势的供应商为供货方
签订采购合同	①采购员与供应商签订采购合同，合同中标明谈判事项，如金额、数量、质量标准等 ②采购合同签订后，将合同副本上报政府财政部备案

图 2-12　政府采购程序图

2.12 ▸▸

全球采购

2.12.1 了解全球采购方式

全球采购是指企业利用全球的资源，在全世界范围内寻找供应商，寻找质量最好、价格合理的产品、商品或服务的一种采购方式。

全球采购的优缺点和适用范围如表 2-11 所示。

表 2-11　全球采购的优缺点和适用范围

项目	全球采购
优点	① 全球范围内采购,不再局限于一个国家或一个地区,可以在世界范围内配置资源 ② 采购价格相对较低,通过比较成本方式,寻找物美价廉的产品 ③ 若采购商与供应商之间形成战略合作伙伴关系,供应渠道相对稳定
缺点	风险性增大增强。全球采购通常集中批量采购,采购项目和品种集中、采购数量和规模较大,牵涉的资金比较多,而且跨越国境,手续复杂,环节较多,存在许多潜在风险
适用范围	① 专业化的全球采购组织和国际经济组织所从事的全球采购 ② 购买者驱动的全球采购 ③ 生产驱动的全球采购

2.12.2　确定全球采购程序

全球采购的基本程序主要包括以下 7 个方面,具体如图 2-13 所示。

确定采购需求	通过市场调查和其他途径,确定产品规格和标准以及需要的数量和质量
寻找供应商	通过各种途径,包括贸易指南、贸易协会、贸易展览会和互联网来寻找最合适的供应商
确定谈判内容	谈判内容主要包括产品的规格、产品国际/国内标准、价格、支付方式、交付日期等内容
签订采购合同	通过谈判确定交货日期、交货地点、采购数量,处理进口和关税文件,签订采购合同
跟踪货物物流	与供应商之间保持密切联系,在整个运输过程中在线跟踪货物运输情况
全方位评估产品	货物验收入库后对产品进行全方位评估
制定产品后续策略	不断地对产品进行评估,为以后的订单做准备或做必要的调整。对于固定的供应商,要保持经常的沟通,以培养感情

图 2-13　全球采购程序图

2.13

联合采购

2.13.1　了解联合采购方式

联合采购是指企业、政府、个体联合起来委托专门的采购代理机构进行集中采购的一种采购方式。

联合采购的优缺点和适用范围如表 2-12 所示。

表 2-12　联合采购的优缺点和适用范围

项目	联合采购
优点	① 降低采购价格。通过联合采购，不仅增加了采购数量，而且也增强了谈判时的实力优势，降低了采购价格 ② 提高管理水平。通过联合采购可以实现采购管理和实施上的联合，不仅可以通过对比使企业认识到自身管理的缺陷与不足，还能提高整体的管理水平 ③ 缩减采购成本。通过联合采购，使用共享、均分的方式，实现管理费用、仓储费用、运输费用等采购成本的缩减
缺点	① 采购作业手续复杂 ② 采购时机与条件未必能配合个别需求 ③ 易造成联合垄断 ④ 可能会泄露商业机密
适用范围	① 政府对某些需求量少、重要性强的商品实施进口管制，企业通过联合采购增大采购数量，才能够引起供应商报价的兴趣 ② 某类商品属于卖方市场，买方实力单薄，通过联合采购方式能够获得谈判优势。

联合采购的方式主要有两种方式：组建战略结盟、商品合并采购。

（1）组建战略结盟

通过加入联合采购小组或与其他企业组建联盟，结成长期联合与合作的方式。联合后互相交换采购信息，寻求共同商品，执行联合采购。

（2）商品合并采购

企业通过对需求商品分析与市场需求商品调查方式，寻找有共用商品的企业或组织，采购时双方将通用采购商品汇总，统一归口后进行采购。

采购员岗位培训手册
040

2.13.2　确定联合采购程序

联合采购的基本程序主要包括以下 5 个方面，具体如图 2-14 所示。

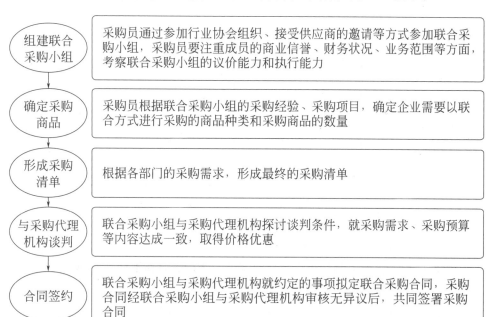

图 2-14　联合采购程序图

2.14

框架协议采购

2.14.1　了解框架协议采购方式

框架协议采购是指采购部对需要多次重复采购的商品，通过公开征集确定入选的供应商，与其签订框架协议。采购员按照框架协议约定规则，在入选的供应商之间确定成交供应商并订立采购合同的一种采购方式。

框架协议采购是一种新型的政府采购方式。

框架协议的适用范围：适用于多频次、小额度采购，不适用于单一项目采购。

框架协议主要有两种形式：一是封闭式框架协议采购，二是开放式框架协议采购。一般以封闭式框架协议采购为主。

封闭式框架协议采购与开放式框架协议采购的区别如表 2-13 所示。

表 2-13　封闭式框架协议采购与开放式框架协议采购的区别

项目	封闭式框架协议采购	开放式框架协议采购
定义	封闭式框架协议采购强调通过公开竞争订立框架协议	开放式框架协议采购由采购员明确采购需求,愿意接受协议条件的供应商可申请加入
区别	1. 是否存在淘汰 (1)封闭式框架协议采购,确定入围的供应商必须有竞争和淘汰 (2)开放式框架协议采购,供应商提出加入申请后,采购员通过判断符合资格条件的,就可以入围,不存在竞争和淘汰 2. 是否可以任意加入和退出 (1)封闭式框架协议采购,在有效期内不能随意增加供应商,入围的供应商没有正当理由不允许退出 (2)开放式框架协议采购,供应商可以随时申请加入和退出 3. 哪种方式经常使用 原则上都采用封闭式框架协议采购	

2.14.2　确定框架协议采购程序

(1)封闭式框架协议采购程序

封闭式框架协议采购的程序主要包括 7 个方面,具体如图 2-15 所示。

发布征集公告	采购员根据采购需要,编制征集文件,发布征集公告
供应商响应	供应商按照征集文件要求编制响应文件,供应商响应的商品技术、商务等条件不得低于采购需求
评审第一阶段供应商	①评审第一阶段入围的供应商,按照价格优先原则,对满足采购需求且响应报价不超过最高限制单价的货物、服务,按照响应报价从低到高排序 ②提交响应的供应商应不少于2家,淘汰比例一般不得低于20%,且至少淘汰1家供应商
签订框架协议	向所有响应的供应商公布入围的供应商名单,在入围通知书发出之日起30日之内和入围的供应商签订框架协议
确定第二阶段供应商	由采购员依据产品价格、质量以及服务便利性、用户评价等因素,从第一阶段入围供应商中直接选定第二阶段成交供应商
发布成交公告	采购员在框架协议有效期满后10个工作日内发布成交结果汇总公告。汇总公告应当包括成交供应商的名称、地址及其成交合同总数和总金额
签订固定价格合同	根据实际采购数量和协议价格确定合同总价,采购员应当要求供应商提供能证明其按照合同约定数量或者工作量清单履约的相关记录或者凭证,作为验收资料一并存档

图 2-15　封闭式框架协议采购程序图

（2）开放式框架协议采购程序

开放式框架协议采购程序主要包括以下 5 个方面，具体如图 2-16 所示。

发布征集公告	采购员发布征集公告，邀请供应商加入框架协议
供应商提交加入申请	征集公告发布后至框架协议期满前，供应商可按照征集公告要求，随时提交加入框架协议的申请。采购员应当在收到供应商申请后7个工作日内完成审核，并将审核结果书面通知申请的供应商
发布入围公告	采购员应在审核通过后2个工作日内，发布入围结果公告，公告入围供应商名称、地址、联系方式及付费标准，并动态更新入围供应商信息
签订框架协议	采购员可以根据采购项目特点，在征集公告中申明是否与供应商另行签订书面框架协议。申明不再签订书面框架协议的，发布入围结果公告，视为签订框架协议
确定第二阶段供应商	第二阶段成交供应商由采购员从第一阶段入围供应商中直接选定。供应商在履行完采购合同后，依据框架协议约定的凭单、订单以及结算方式，与采购人进行费用结算

图 2-16　开放式框架协议采购程序图

第3章

供应商开发与评估管理

3.1

供应商开发与选择

3.1.1 供应商开发步骤

为了选择合适的供应商，采购员必须开展供应商的开发工作。采购员在开发供应商时，应遵循以下步骤，具体如图 3-1 所示。

开展市场调查	采购员在开发供应商前，应选择合适的供应商开发渠道，对供应商市场进行调查，要了解市场规模、市场环境和供应商的情况
编制开发计划	采购员根据需求商品情况和年度采购计划要求，以及通过市场调查，确定针对供应商的开发目标，并明确筛选标准，制订开发计划
搜集供应商资料	采购员根据开发要求，通过各种渠道搜集符合要求的供应商的基本信息，并向有合作意向的供应商发送"供应商调查表"收集供应商的资料
调查供应商	采购员对反馈回来的供应商资料进行初步筛选，并在质量管理部、技术部等部门相关人员的协助下，对供应商进行初步调查，了解供应商的全面、综合能力
筛选合格供应商	采购员根据调查结果和"供应商调查表"的信息资料，进行全面比较、分析，对照供应商开发计划中的合格标准，客观、公正地筛选出合格供应商
编写开发报告	采购员将审批通过的合格供应商名单，依据资料收集和初步调查的结果充实供应商信息，进行归档整理，并更新原有的合格供应商名录，编写供应商开发报告，对新供应商开发情况进行汇报

图 3-1　供应商开发步骤图

开展供应商市场调查，要了解市场规模、市场环境和供应商的情况，具体了解内容如表 3-1 所示。

表 3-1 供应商市场调查的基本内容

调查方向	基本内容
市场规模	调查市场的资源量、需求量,并确定市场类型、市场周期和市场的发展前景
市场环境	调查市场的法制环境、经济环境、政治环境、文化环境、供需环境等
供应商的情况	调查市场中各供应商的生产能力、技术水平、价格水平等综合实力以及各供应商在市场中所占份额

在供应商开发中,最重要的是供应商开发渠道的选择,常见的供应商开发渠道包括新闻传播媒体、公开征询、产品展销会等,企业应选择适合自己的供应商开发渠道,供应商开发渠道说明表如表 3-2 所示。

表 3-2 供应商开发渠道说明表

开发渠道	具体说明
新闻传播媒体	采购员通过报纸、书刊、电视、网络等新闻传播媒体发现匹配供应商,再进一步了解供应商的信息
公开征询	通过公开招标的方式来寻找供应商,使符合资格的供应商均有参与投标的机会
同行介绍	同行的采购员之间可以联合采购
行业协会	采购员可以咨询拟购产品的行业公会,请其提供会员厂商名录
产品展销会	采购员参加有关行业的产品展览会,收集适合的供应商资料,甚至当面洽谈
各类采购指南	采购商可以从采购指南、工商名录、电话分类广告等,获得供应商的基本资料
产品发布会	采购员可参加供应商的产品发布会,在产品发布会上考察产品的质量、规格、价格等信息,了解供应商
其他渠道	采购员通过观察包装上的制造商或进口代理企业的电话联络等方式获取供应商信息

采购员根据开发要求,通过各种渠道搜集符合要求的供应商的基本信息,并向有合作意向的供应商发送"供应商调查表",以收集供应商的具体资料。"供应商调查表"如表 3-3 所示。

表 3-3　供应商调查表

供应商基本信息				
供应商全称			使用商标	
行业类别		业务性质	资本类型	
占地面积		厂房面积	企业负责人	
固定资产		年产值	销售额	
企业地址				
项目	调查项目内容		了解程度状况	
材料零件确认	您对本企业样品确认流程是否了解		□ 了解　　　□ 不了解 □ 请求当面沟通了解	
	您对本企业认定的材料交货依据的规格及样品是否了解		□ 了解　　　□ 不了解 □ 请求当面沟通了解	
	您对本企业认可的样品是否持保留意见,从而为后续品质管理提供依据		□ 有保留　　　□ 未保留 □ 请求当面沟通了解	
质量验收管制	您对本企业质检标准与方法是否了解		□ 了解　　　□ 不了解 □ 请求当面沟通了解	
采购合同	贵公司目前的产品产量是否能够满足本企业的需求		□ 可以　　　□ 不可以 □ 需设法弥补	
付款流程	您对本企业的付款条件、手续是否了解		□ 了解　　　□ 不了解 □ 请求当面沟通了解	
售后服务	发生质量问题时,您一般与哪个部门或主管进行沟通		□ 质量管理部　　　□ 技术部 □ 采购部　　　□ 总经理	
建议事项				

采购员对反馈回来的供应商资料进行初步筛选,并在质量管理部、技术部等部门相关人员的协助下,对供应商进行初步调查,了解供应商的全面、综合能力。供应商初步调查内容如表 3-4 所示。

表 3-4　供应商初步调查内容

调查方向	基本内容
现场考察	组织相关人员对供应商进行实地考察,了解供应商的实际生产状况
样品测试	通知供应商提供生产的商品样品,并组织相关人员对样品进行质量分析

通过以上两项初步调查,结合对收集的供应商资料的分析,全面、综合考察供应商的经营管理、设备管理、人力资源开发、质量控制、成本控制、用户满意

度和交货协议等各方面的实力，并对供应商做出具体、客观的评价。

采购员根据调查结果和"供应商调查表"的信息资料，进行全面比较、分析，对照供应商开发计划中的合格标准，客观、公正地筛选出合格供应商，并将筛选结果提交采购经理审核、总经理审批。

采购员将审批通过的合格供应商名单，依据资料收集和初步调查的结果充实供应商信息后，进行归档整理，并更新原有的"合格供应商列表"，编写供应商开发报告，对新供应商开发情况进行汇报，经采购经理、总经理审批通过后，作为后续供应商管理工作的依据。

3.1.2 供应商选择步骤

筛选出部分供应商后，采购员要根据筛选的供应商进行选择。采购员在选择供应商时，应遵循以下步骤，具体内容如图 3-2 所示。

收集供应商资料	采购员根据采购商品的需要，收集目标供应商的有关资料，收集内容主要包括供应商的基本情况、年度销售额、信用状况、理赔记录、供货率、质量体系、客户服务、发展预测等
分析、筛选供应商	采购员收到供应商的资料后，结合企业具体的战略目标和采购需求进行筛选评估，评估供应商是否能生产所需商品、产品是否符合要求、生产水平和供货水平是否符合企业要求、财务状况和信誉等
确定供应商候选人	采购员根据初步筛选标准，对供应商进行初步的分析、评价、筛选后，确定出符合标准的供应商候选人，报采购经理和总经理进行审核审批
供应商分级	采购员根据供应商提供的商品对产品质量的影响程度，对供应商进行分级，可分为关键、重要、普通三个级别，对不同级别的供应商实行不同程度的审核
组织现场评估	采购员应对提供关键商品的供应商提出现场评估要求，到供应商生产现场实地考察，从生产、技术及人员等方面判断是否符合企业的采购需求，并由采购员填写"供应商现场评审表"
样品质量检验	采购员应向供应商提出样品需求，由质量管理部对供应商提供的样品的材质、性能、尺寸、外观质量等方面进行检验，检验确认合格或不合格的样品，检验人员需在样品上贴样品标签，注明合格或不合格
确定供应商名单	在供应商初评、现场评审通过，并且样品检验确认合格的情况下，采购员应将供应商列入合格供应商名录，交采购经理审核，总经理审批

图 3-2　供应商选择步骤图

在选择供应商的过程中，常用的选择方法有招标法、直观选择法和考核选择法。具体如表3-5所示。

表3-5　供应商选择方法表

选择方法	具体内容	
招标法	适用范围	当采购商品数量大、供应市场竞争激烈时,可以采用招标法来选择供应商
	优缺点	优点:企业可以在更大的范围内选择满足条件的商品,选择面更广 缺点:招标方法持续时间长,不适合对时间要求紧的商品供应商
	实施步骤	① 采购员提出采购的条件,邀请众多供应商企业参加投标 ② 采购员按照规定的流程和标准一次性地选择其中的优秀者作为交易对象,并与提出最有利条件的投标方签订采购合同
	方式	采购招标最常用的方式有公开招标和邀请招标
直观选择法	定义	直观选择法是企业根据询问和调查所得的材料,对供应商进行分析判断后,选择供应商的一种方法
	适用范围	该方法用于对供应商信息比较熟悉,合作时间长,以往信誉较好的供应商的确定或用于需求量少的辅助材料的供应商的选择
	优缺点	优点:耗时短,能快速选择供应商 缺点:主观因素较多,是一种主观选择供应商的方法
	实施步骤	① 采购员对供应商的产品质量、价格、使用寿命、售后服务等几个指标进行评价,或者是挑选其中的几个重要的指标进行初步评审 ② 选择其中口碑较好的供应商,组织召开评审会,进行综合的复审,通过复审的结果确定最佳的供应商

选择方法		具体内容
考核选择法	定义	考核选择法是在对供应商进行充分调查了解的基础上,进行详细考核、分析比较,选出供应商的方法
	实施步骤	① 初步调查供应商。对供应商商品的类型规格、质量、价格和供应商的生产水平、运输技术等进行调查 ② 深入调查供应商。调查影响企业关键产品、重要产品的供应商,深入地研究考察供应商的实力、质量保障体系、管理水平、产品的生产能力和技术水平,在对各个评价指标进行考核评估后综合评估 ③ 通过前两个阶段的考核,得出各供应商的综合成绩,通过综合成绩排名,确定最合适的供应商

从众多供应商中选择合适的合作伙伴,就需要了解供应商情况,影响供应商选择的主要有以下 5 项因素,具体内容如表 3-6 所示。

表 3-6　影响供应商选择的因素表

影响因素	内容说明
产品价格与质量	在其他条件相同的情况下,采购价格便宜是具有优势的。另外,供应商提供产品质量的优良性与稳定性是企业有序经营的重要条件,因此产品质量也是一个重要因素
生产能力	供应商的生产能力应确保满足企业对采购商品的需求
技术水平	供应商技术水平的高低决定了其是否能够不断地改进产品,能否与企业进行持续的合作
经营管理能力	经营管理能力反映着供应商的当前交易是否有盈利状况,供应商是否具有长远的发展潜力。经营管理能力可从财务状况、管理水平、服务水平三个角度进行评估
信誉状况	能准时交付订购的商品、依据采购合同办事是选择供应商需考虑的一个重要因素

采购员对供应商进行现场评审时,需要填写"供应商现场评审表","供应商现场评审表"如表 3-7 所示。

表 3-7 供应商现场评审表

编号：_____ 　　　　　　　　　　　　填写日期：_____年___月___日

供应商基本情况表	名称			计划承接企业产品				
	厂址			涉及加工工艺工程				
	联系人		职务		电话		传真	
	主要生产设备							
	主要检测工具							
评价项目数	评价内容	优		良	中	差		劣
		5		4	3	2		1
1	企业规模							
2	企业信誉							
3	产品质量							
4	产品价格							
5	产品认证水平							
6	生产技术							
7	加工工艺							
8	开发能力							
9	不合格品控制率							
10	配合度							
11	准时交货							
12	历史合作情况							
13	售后服务							
14	质量保证体系							
总得分								
评价说明								
评价部门/人员		评价意见				签字		日期
总经理审批意见		签字：			日期：	年	月	日

3.2

供应商关系维护

3.2.1　供应商关系维护规范

　　为了更好地加强供应商关系管理，采购员应对供应商进行分级管理，保持与供应商的良好沟通，解决供应商的冲突，建立供应商关系维护规范。下面是供应商关系维护规范范例。

规范名称	供应商关系维护规范		受控状态	
			编　号	
执行部门		监督部门	编修部门	

第 1 章　总则

　　第 1 条　目的。

　　为加强与供应商的有效沟通，维护与供应商之间的良好关系，减少矛盾冲突，合理进行冲突处理，特制定本规范。

　　第 2 条　适用范围。

　　本规范适用于企业所有供应商的关系维护、冲突处理等相关工作事项。

　　第 3 条　管理职责。

　　1.采购经理负责供应商关系管理决策、冲突事件处理的审批与监督工作。

　　2.采购员负责供应商的关系维护、冲突处理办法的执行。

第 2 章　供应商分级维护

　　采购员根据供应商的考核评估结果，将供应商划分为三个等级。

　　第 4 条　A级供应商。

　　1.评估得分：90 分(含)以上。

　　2.关系发展方向：加强合作，互相支持，巩固供需关系。

　　3.优先等级：优先选择。

　　4.接触频度：____次/周。

　　5.订购量：增加。

　　6.检验频度：每月抽检____次。

　　7.财务结算：准时结算。

　　第 5 条　B级供应商。

　　1.评估得分：75～89 分。

　　2.关系发展方向：通知供应商讨论供货整顿方案。

　　3.优先等级：价格优惠超过 10%时，备选。

　　4.接触频度：____次/月。

　　5.订购量：根据需要确定。

6.检验频度:不定期随时抽检。

7.财务结算:____天期票。

第6条　C级供应商。

1.评估得分:低于75分(不含)。

2.关系发展方向:提出警告,并通知供应商做出调整。

3.优先等级:无其他等级供应商时,备选。

4.接触频度:____次/月。

5.订购量:降低。

6.检验频度:每批次均需检验。

7.财务结算:____天期票。

第3章　供应商的冲突预防

第7条　及时掌握供应商信息。

采购员在具体采购操作过程中,尽量做到及时掌握第一手产品、服务资料,时刻了解市场行情和价格动向,以便更好地开展与供应商的谈判工作。

第8条　控制采购过程优化。

对采购方式选择、采购程序应用、合同履约和验收等重要作业环节进行优化、控制,以降低采购成本,维护供应商的合法权益。

第9条　加强沟通和联络。

采购员与供应商要经常沟通和联络,可利用座谈会、分析会、研讨会和磋商会等形式来达成相互间的共识。

第10条　经验总结与改进。

采购员与供应商共同处理好采购后的服务与被服务之间的关系,找出服务或采购中的不足与欠缺,总结经验和教训,力求服务更到位。

第4章　供应商的冲突处理

第11条　及时反馈。

采购员应正确面对供应商的投诉和质疑,及时地给予答复。

第12条　正确对待。

采购员正确对待供应商对于投诉处理决定的异议。

第13条　积极配合、处理。

采购员积极配合采购活动的监察、审计和检查工作,及时受理和处理其反映的问题,并按规定时间或期限把处理结果告知各当事人。

第14条　掌握并运用法律法规。

采购员要充分了解并运用好规章制度中的法则与条款,不断增强自我保护意识。

第5章　建立长期合作伙伴关系

第15条　加强与供应商的沟通,明确合作目标,制订为达成目标的合作计划。

第16条　对合作计划的实施进行组织和进度跟进,在处理供应商订单时,要主动给予必要的援助。

第17条　通过供应商的考核结果,及时向供应商反馈改进对策,并尽可能参与到供应商的改进工作中。

第18条　与供应商分享最新的技术成果与管理经验,双方互相学习,共同进步。

第6章　附则

第19条　编制单位。

本规范由×××负责编制、解释与修订。

第20条　生效时间。

本规范自××××年××月××日起生效。

编制日期		审核日期		批准日期	
修改标记		修改处数		修改日期	

3.2.2　供应商档案管理规范

为加强供应商档案管理,保证供应商档案的安全、完整,更好地为企业所用,特制定供应商档案管理规范。

规范名称	供应商档案管理规范		受控状态	
			编　号	
执行部门		监督部门	编修部门	

第1章　总则

第1条　目的。

为规范供应商资料和档案管理,确保各种资料、文件、记录的完整性,更好地了解供应商的供货能力,特制定本规范。

第2条　适用范围。

本规范适用于企业所有供应商档案管理的相关工作。

第3条　管理职责。

1.采购员负责供应商资料的收集、整理、分类、移交等工作。

2.采购档案管理专员负责供应商资料和档案的保管等事项。

第2章　供应商档案的建立

采购档案管理专员需对档案进行分类,以便进行分类管理,具体的分类方法如下。

第4条　按时间序列可划分为:旧供应商、新供应商、未来供应商。新供应商和未来供应商为重点管理对象。

第5条　按交易过程可划分为:曾经有过交易的供应商、正在进行交易的供应商和即将进行交易的供应商。

第6条　按照供应商的性质可划分为:特殊企业、普通企业等。由于这两类供应商的性质、供应特点、供应方式、供应量等不同,对其实施的档案管理的特点也不尽相同。

第7条　按照供应数量和市场地位可划分为:主要供应商、一般供应商。供应商档案管理的重点应放在主要供应商上。

第 8 条　建立权限。

为了便于管理,所有供应商资料必须归档,由采购档案管理专员专职管理供应商的档案资料。

第 9 条　收集供应商资料。

1.企业调查、选择和评价供应商后,应在＿＿个月之内,采购员将供应商的材料进行收集整理,并送交采购档案管理专员。

2.企业签订采购合同后,一般应在一个月内或采购事项结束之后一周内,采购员将该次采购的材料进行收集整理,并送交采购档案管理专员。

2.因故不能按期整理的,应由责任人做出书面说明,采购主管定期催办。

3.整理的档案应包括供应商的全部文件材料和记录。采购现场监控录制的音像资料,也应作为辅助档案资料保存。

4.企业采购档案不符合要求的,采购员应尽快补齐相应材料,保证档案的完整、真实、有效。

第 10 条　供应商档案收集方式。

1.采购档案管理专员需建立供应商档案卡对供应商进行管理,以便于填写、保管和查阅。

2.供应商档案卡主要记载各供应商的基础资料,这种资料的取得,主要有三种形式。

(1)提供供应商资料卡,由供应商填写。

(2)采购员通过平常的业务活动或其他各种渠道了解、收集供应商的相关资料。

(3)通过企业和供应商已发生的采购情况(包括产品性能、产品质量、售后服务等实际情况)获得。

第 11 条　采购档案管理专员根据这三种渠道反馈的信息,对供应商的相关资料进行整理、核实汇总,填入供应商档案卡。

第 12 条　采购档案管理专员根据采购员与供应商沟通的信息,编制供应商信息周报,汇总整理,据此建立综合的供应商档案。

第 13 条　其他入档资料。

供应商具有如下情形之一的,由采购档案管理专员直接记入档案。

1.提供虚假材料参加采购活动谋取成交的。

2.开标后擅自撤销投标,影响招标继续进行的。

3.采取不正当手段诋毁、排挤其他供应商的。

4.与采购员、其他供应商或者采购代理机构恶意串通的。

5.成交后无正当理由拒绝签订采购合同的,或无正当理由拒绝履行采购合同的。

第 3 章　供应商档案保管与查阅

第 14 条　归档要求。

1.采购档案管理专员需依据供应商的性质或交易过程等标准进行分类,并按档案来源、时间、题目、内容、字母顺序等分成若干层次。

2.采购档案管理专员归档的文件材料应齐全完整,并按照文件的自然形成规律保持文件之间的历史联系。

3.卷内文件要排列有序,采购档案管理专员依次编写页号,并编制卷内目录,逐项填写清楚,书写工整。

4.案卷标题要简明确切,装订整齐结实,厚度适宜,材料过窄应加衬边,材料过宽应折叠整齐,字迹难辨认的,采购档案管理专员应附抄件以便于保管和使用。

第15条 查阅供应商档案。

相关人员在调阅供应商档案时,应先向采购经理提出申请,申请批准后,方可进行查阅,查阅完毕后应当及时归还。

第16条 变更供应商档案。

供应商经营状况发生重大变化以及出现重要担保、重大合同纠纷或诉讼、信用等级和资质变化等可能影响履约能力的重大事项,采购档案管理专员应及时要求其向采购部提供书面报告,并及时更新供应商档案资料。

第17条 供应商档案管理应注意问题。

1.供应商档案管理应保持动态性。采购档案管理专员应根据供应商的情况变化,不断地加以调整,及时消除过旧资料,补充新资料,不断地进行跟踪记录。

2.供应商档案管理的重点不仅应放在现有供应商上,而且还应更多地关注意向供应商,为企业选择新的供应商、开拓新市场提供资料。

3.借阅供应商档案时,必须办理借阅手续。采购档案管理专员需请借阅人员注明借阅期限。

第4章 附则

第18条 编制单位。

本规范由×××负责编制、解释与修订。

第19条 生效时间。

本规范自××××年××月××日起生效。

编制日期		审核日期		批准日期	
修改标记		修改处数		修改日期	

3.2.3 采购纠纷处理办法

为了采取有效的措施解决采购过程中出现的纠纷,特制定采购纠纷处理办法。

办法名称	采购纠纷处理办法		受控状态	
			编 号	
执行部门		监督部门	编修部门	

第1章 总则

第1条 目的。

为了维护企业的合法权益,且能够有效、快速地解决所发生的采购纠纷,特制定本办法。

第 2 条 适用范围。

本办法适用于处理采购过程中的纠纷工作。

第 3 条 管理职责。

1. 采购部：

(1)负责组织采购部工作人员对采购纠纷进行调查,确定造成采购纠纷的原因。

(2)根据采购纠纷发生的原因,拟定采购纠纷的处理措施。

(3)及时对采购纠纷处理措施和纠纷处理报告提出审核意见,审核完毕后上交总经理。

2. 法务部：

(1)协助采购部进行采购纠纷调查,为合同纠纷提供法律援助。

(2)负责应诉和起诉、律师的委托等工作。

3. 质量管理部：协助采购部进行质量检验,处理质量纠纷。

4. 总经理：

(1)负责审批采购部拟定的采购纠纷解决措施和纠纷处理报告。

(2)指导小组成员进行采购纠纷处理活动,并向企业高层上报采购纠纷的处理情况。

第 4 条 采购合同欺诈。

(1)以虚假的合同主体身份与企业订立合同。

(2)接受合同当事人给付的货款、预付款后逃之夭夭。

(3)签订空头合同,而供货方本身是"空壳企业"。

(4)供应商方面设置的合同陷阱。

第 5 条 采购价格纠纷。

(1)由于供应商操纵投标环境,在投标前相互串通,有意抬高价格。

(2)企业在价格合理的情况下批量采购,但不久该种商品可能出现跌价而引发采购风险。

第 6 条 采购质量纠纷。

由于供应商提供的商品质量不符合要求,而导致企业所生产的产品性能达不到质量标准,从而给企业带来严重损失。

第 7 条 技术进步因素产生纠纷。

企业所生产的产品由于社会技术进步引起贬值。

第 8 条 其他因素导致的纠纷。

采购过程中由于自然条件、经济条件、间隔变动等因素所造成的意外风险。

采购纠纷发生时,双方可以根据纠纷双方的关系、双方的参与程度、纠纷事件的严重程度、纠纷的时效性等因素选择合适的解决方式。

第 2 章 采购合同欺诈

第 9 条 诉讼。

发现采购合同欺诈问题时,要及时采取诉讼手段,维护企业的合法权益。诉讼时要注意诉讼主体的选择,当有多个主体时,尽量选择有承担能力和履约能力的主体作为被告。

为防止超过诉讼时效,丧失胜诉权,要尽量收集对方的财产线索,及时申请财产保全。裁判文书生效后,在法定期限内申请执行。

第3章 采购价格纠纷

第10条 协商。

当商品价格大幅下跌时,与供应商就商品价格进行协商,重新更改采购合同,或者作为采购合同的附加条件补充进去。

第11条 调解。

邀请第三方依据市场商品价格的实际情况,在采购部与供应商之间沟通消息,阐明商品价格走势,促进双方对商品价格达成统一的认识,重新调整采购价格。

第12条 仲裁。

双方协商、调解不一致时,将双方关于价格纠纷的事项,提交特定的仲裁机构进行裁决,解决双方的价格争议。

第13条 诉讼。

其他处理方式无法解决纠纷的,采购方与供应商将争议、纠纷事项提交给有管辖权的人民法院进行审理,以确定双方权利义务关系,解决采购纠纷。

第4章 采购质量纠纷

第14条 协商。

发生质量纠纷时,采购方要与供应商就质量问题进行协商,确定双方的权利和义务,明确责任方,对售后问题进行及时处理。

第15条 调解。

申请权威第三方对商品质量进行判定,根据判定结果判断商品质量是否存在问题,解决质量纠纷问题。

第16条 仲裁。

将关于质量争议的事项提交给专业的仲裁机构进行裁定,解决双方质量争议的事项,对仲裁机构的结果达成一致,根据结果处理售后问题。

第17条 诉讼。

双方对其他方式的处理结果不认同的,将纠纷的事项提交给有管辖权的人民法院进行审理,由法律部门对纠纷事项进行判定,判定结果具有权威性、法制性,双方应严格按照判定结果处理质量纠纷问题。

第5章 技术进步因素产生纠纷

第18条 协商。

由于技术进步因素产生纠纷的,采购方与供应商协商解决产品问题,对产品进行再创新或者是深加工服务。

第19条 调解。

由第三方对技术纠纷问题进行调解,沟通双方,促使双方相互谅解和妥协,达成解决纠纷的合意。

第6章 附则

第20条 编制单位。

本办法由×××部负责编制、解释与修订。

第21条　生效时间。

本办法自××××年××月××日起生效。

编制日期		审核日期		批准日期	
修改标记		修改处数		修改日期	

3.3

供应商评估与激励

3.3.1　供应商绩效评估办法

企业通过制定供应商绩效评估办法，准确掌握供应商的绩效情况，对供应商作出系统全面的评价。

办法名称	供应商绩效评估办法		受控状态	
			编　　号	
执行部门		监督部门	编修部门	

第1章　总则

第1条　目的。

为帮助企业了解供应商的供货水平和供货能力,规范供应商的评估工作,保证企业采购商品得到充分、稳定、及时的供应,特制定本评估办法。

第2条　适用范围。

本办法适用于企业对供应商绩效评估相关工作的管理。

第3条　管理职责。

1.采购经理负责供应商绩效评估标准、绩效评估方案的审核与批准,负责供应商绩效评估结果的审批等各项管理控制工作。

2.采购员负责收集供应商的相关资料,对供应商的商品质量状况、交期、价格,以及配合程度、服务态度等项目进行评估。

3.采购员负责日常采购过程中对供应商的监督,负责采购资料的汇总与归档,协助采购主管制定考核方案,协助考核供应商,进行考核结果的整理与汇总等各项工作。

第2章　实施绩效评估办法

第4条　评估内容。

采购员对供应商的商品质量、交期、价格,以及服务等项目做出评估。

059

第 5 条　评估频率。

1. 对关键、重要商品的供应商每月考核一次,对普通商品的供应商每季度评估一次。

2. 所有供应商每半年进行一次总评,列出各供应商的评价等级,依照规定进行奖惩。

3. 每年对合格供应商应进行一次复查,复查流程和供应商的调查与选择相同。

4. 当供应商的商品出现重大品质、交货日期、价格等问题时,企业有权对供应商进行复查。

第 6 条　评估标准。

1. 质量。

分数:30 分。

考核标准:合格率应达到 98% 以上,每降低 1%,减 2 分。

得分:____分。

2. 交货期限。

分数:15 分。

考核标准:如期交货(15 分);迟延 5 日以内(10 分);迟延 5 日以上 10 日以内(5 分);迟延 10 日以上(0 分)。

得分:____分。

3. 价格。

分数:20 分。

考核标准:低于(与市场平均水平相比)(15 分);持平(10 分);高于(≤5 分)。

得分:____分。

4. 服务。

分数:15 分。

考核标准:客户提出抱怨或投诉的情况每出现 1 次,减 5 分;企业会议正式批评或抱怨 1 次,减 5 分。

得分:____分。

5. 配合度。

分数:10 分。

考核标准:积极配合企业的采购管理工作,每出现 1 次失误,减 2 分。

得分:____分。

6. 质量保证体系。

分数:10 分。

考核标准:有成文的质量管理体系、结构较完善,体系能有效运行(10 分);有成文的质量管理体系、但不太完善,体系基本上能够运行(5 分);没有成文的质量管理体系(0 分)。

得分:____分。

合计得分:____分。

处理意见:_____。

第 7 条　考核分为月度评估与年度评估两种,其年度评估的最终得分由以下两部分构成。

1.月度评价值占 75%。

2.年度评价值占 25%。

第 3 章　应用绩效考核结果

企业将供应商的考核结果按照其考核得分的不同划分为 A、B、C,具体内容如下所示。

第 8 条　A 级供应商。

考核结果:90~100 分。

相关措施:优先订货或加大订货量,建立合作伙伴关系。

第 9 条　B 级供应商。

考核结果:80~89 分。

相关措施:优先订货或维持原有订货量,要求供应商改善,并追踪考核。

第 10 条　C 级供应商。

考核结果:70~79 分。

相关措施:列为下年度重点改进供应商,并追踪考核减少订货量,限期整改或取消供货。

第 4 章　建立监控措施

企业与供应商在建立起信任合作关系的基础上,也要建立相应的监督控制措施。

第 11 条　对一些非常重要的供应商或是问题比较严重的供应商,可以派出常驻代表;对于那些不太重要的供应商或者问题不那么严重的单位,则视情况定期或不定期到工厂进行监督检查,或者设监督点对关键工序或特殊工序进行监督检查。

第 12 条　要求供应商自己报告生产条件情况,提供工序管制上的检验记录。

第 13 条　要求供应商对原材料、设备、重点生产工艺、生产场所等有可能影响零部件的外观、尺寸、性能等方面的因素进行变更的,在变更前须征得企业相关人士的许可。

第 14 条　加强成品检验和进货检验,做好检验记录。

第 15 条　组织企业技术人员对供应商进行辅导,使其提高产品质量水平或企业服务水平。

第 16 条　与客户等相关人员一起对供应商进行审核与检查。

第 17 条　对合作过程中屡次出现采购商品质量、交期等问题的供应商,企业应及时采取相应的补救措施。

第 5 章　附则

第 18 条　编制单位。

本办法由×××部负责编制、解释与修订。

第 19 条　生效时间。

本办法自××××年××月××日起生效。

编制日期		审核日期		批准日期	
修改标记		修改处数		修改日期	

3.3.2 供应商绩效激励制度

为鼓励供应商更好地为企业服务，对绩效评估结果优秀的供应商要进行奖励，促进战略关系的可持续发展，下面是供应商绩效激励制度范例。

制度名称	供应商绩效激励制度		受控状态	
			编　　号	
执行部门		监督部门	编修部门	

第1章　总则

第1条　目的。

为奖励供应商的供货水平和供应能力，充分调动供应商的工作积极性，共同致力于企业的不断成长和可持续发展，特制定本制度。

第2条　适用范围。

本制度适用于企业所有供应商绩效激励工作的管理。

第3条　价格激励。合理的高价能提高供应商的供货积极性，不合理的低价会消磨企业的供货积极性，企业要合理进行利润分配。

第4条　订单激励。增加合格供应商的订单量，提高供应商的整体销售利润。

第5条　合作激励。与合格的供应商建立长期的战略合作伙伴关系，保持通畅、愉快的合作关系，建立良好的供应环境。

第6条　信息激励。为优秀、合格的供应商提供更多的信息，为供应商的进一步发展提供更多的机会和资源。

第7条　荣誉激励。通过绩效考核，评选优秀供应商，授予"年度优秀供应商称号"，并设专栏，对其进行介绍和表彰，使其产生自豪感和光荣感，鼓舞士气，引起更多供应商的关注和赞许。

第8条　淘汰激励。通过淘汰机制，合格的供应商可以获得更多的订单机会，对于不合格的供应商，为避免淘汰的风险，会提高自身的供货水平和供应能力。

第9条　激励标准。

1.采购员制定供应商的"绩效激励标准"，具体的标准如下所示。

（1）A级供应商。对于评估为A级的供应商，要与其建立长期的战略合作伙伴关系，进行多种正向激励方式，常见的激励方式有：荣誉激励、合作激励、信息激励、订单激励和价格激励。

（2）B级供应商。对于评估为B级的供应商，要与其共享信息，促进供应商的进一步发展，常见的激励方式有：合作激励、信息激励、订单激励和价格激励。

（3）C级供应商。对于评估为C级的供应商，要促使其提高供应质量和供货水平，避免被淘汰出合格供应商名单。

2.标准制定后，上报采购经理审核，总经理审批。审批通过后，激励工作应严格按照"绩效激励标准"进行。

<h2 style="text-align:center">第 2 章　实施绩效激励</h2>

第 10 条　结合供应商绩效评估结果和绩效激励标准,对优秀、合格的供应商进行正激励,如荣誉激励、合作激励、信息激励、订单激励和价格激励,对不合格或者评估等级较低的供应商进行负激励,如淘汰激励。

第 11 条　评选要求。

完成供应商绩效评估的供应商,方可进行供应商绩效激励。

第 12 条　绩效激励。

1.采购员根据绩效评估结果为供应商制定相应的绩效激励,填写"供应商绩效激励"名单,名单提交采购经理审核。

2.采购经理审核评估结果和绩效激励标准无误后,将名单提交给总经理审批,审批通过后,按照供应商的激励结果进行激励。

<h2 style="text-align:center">第 3 章　评估激励效果</h2>

第 13 条　供应商满意度调查。

采购员编制"供应商满意度调查表",经审批后,组织对供应商进行问卷调查,以便了解供应商对企业激励方式的满意度。

第 14 条　调查内容。

调查内容主要包括激励措施的选择、激励工作的实施、激励的意见建议等内容。

第 15 条　调查表的回收。

1.采购员将"供应商满意度调查表"分发给各供应商,邀请他们填写。

2.填写完毕后,采购员应回收调查表,调查表的回收率应不低于____%。

第 16 条　调查问卷总结。

采购员对调查表进行汇总、统计,总结供应商对激励工作的不满意之处,分析原因,并拟定解决办法,撰写"供应商满意度统计分析报告",上交采购经理审核,总经理审批。

第 17 条　经审批后,采购员对激励工作进行纠正和整改,并监督整改情况。

<h2 style="text-align:center">第 4 章　附则</h2>

第 18 条　编制单位。

本制度由×××部负责编制、解释与修订。

第 19　生效时间。

本制度自××××年××月××日起生效。

编制日期		审核日期		批准日期	
修改标记		修改处数		修改日期	

第4章

采购谈判与合同签订

4.1

采购谈判

4.1.1　采购谈判资料收集方式

采购谈判前，要做好谈判准备工作，首要的就是要收集采购谈判资料，摸清对方的底牌，做到知己知彼，才能保证采购谈判达到预期设想。

（1）企业内部资料收集方式

采购谈判前要了解企业自身的采购需求，包括需求商品的数量、规格、性质、底价等。通过历史采购记录、企业下一阶段的生产计划和销售计划、企业库存情况等信息，收集企业的采购需求。

（2）谈判对手资料收集方式

谈判对手信息包括供应商企业信息和供应商的谈判团队人员信息。

① 供应商企业信息。供应商企业信息主要包括资信情况、履约能力、供应能力、价格信息、谈判风格，具体如表 4-1 所示。

表 4-1　供应商企业信息表

调查分类	调查内容
资信情况	了解供应商的资信情况,调查供应商的资金周转情况和财务状况
履约能力	调查供应商以往的供应情况和其他客户对供应商履约方面的评价,评估供应商能否将产品按时送到指定的地点
供应能力	调查供应商的生产规模,确定供应商是否可以满足企业的订货需求,供应商生产能力、生产技术和生产工艺等方面是否符合企业要求
价格信息	了解供应商各类产品的价格情况和优惠政策,对于大规模采购是否有下降的空间和余地,比较不同供应商的价格信息,寻找具有价格优势的供应商
谈判风格	了解供应商的谈判风格和谈判特点,针对不同的风格特点制定应对性的谈判方案

② 供应商的谈判团队人员信息。供应商的谈判团队人员信息主要包括供应商的谈判人员名单，主谈人的偏好、性格，主谈人常用的采购技巧等。

收集谈判对手资料时常用的收集方法如表 4-2 所示。

表 4-2 谈判信息收集方法表

方法	概述	信息来源
检索调查法	根据现有的资料和数据进行调查、整理、分析的方法	① 统计资料 ② 报纸杂志 ③ 专门机构提供的资料 ④ 谈判对方企业提供的相关资料
专题询问法	通过某一个专题向被调查者征询意见,以收集资料的一种信息收集方法	① 向供应商企业内部知情人员了解情况 ② 向供应商有过贸易往来的人员了解情况 ③ 向供应商的有关人员了解情况
直接观察法	调查者在调查现场对被调查者的行为与特点进行观察测度的一种信息收集方法	① 参观供应商的生产经营基地 ② 安排非正式的初步洽谈 ③ 购买供应商的产品进行研究 ④ 收集供应商设计、生产、计划、销售方面的资料

（3）市场信息资料收集方式

采购员掌握企业需求后，需要调查市场信息，掌握商品的需求、销售、价格等情况，具体调查内容如表 4-3 所示。

表 4-3 市场调查信息表

调查分类	调查内容
市场供应状况	调查需求商品的供应情况,若是供大于求的情况,则商品价格在谈判时有下降的空间;若是供不应求,价格没有大的下降幅度;若是供需平衡,则需衡量供应商的供应资质
市场需求状况	调查商品的需求情况,调查同类型产品的需求方主要是哪些,方便了解竞争对手的采购信息和供应商信息
市场竞争情况	① 调查市面上生产同类型商品的供应商的数量,并了解其经营状况、规模、资质、价格、服务、管理能力等方面的信息 ② 调查供应商与竞争企业的合作方式和合作关系,为企业与供应商的合作方式和合作关系提供参考价值
产品销售状况	① 调查市面上同类产品的市场占有率和销售情况,了解市场的饱和度和需求情况 ② 调查产品消费市场,调查消费者的满意度和使用评价,根据用户的评价,为产品的改善和提升提供参考意见
商品销售渠道	其他供应商的销售方式和销售渠道,掌握供应商的运输方式和仓储情况
售后服务情况	其他供应商的售后服务水平和售后服务评价,明确各供应商的售后处理办法和售后处理时间

4.1.2 采购谈判要点及内容确定

（1）采购谈判要点

采购谈判中，要按照以下两个要点进行采购谈判的准备工作。

① 成立采购谈判小组。采购部根据采购商品和供应商的特点，组建谈判小组，并依据谈判内容和谈判事项做好分工，明确个人职责。

采购谈判小组一般由一名主谈人和若干采购员以及专业人员组成，采购谈判主谈人工作内容表如表4-4所示。

表4-4 采购谈判主谈人工作内容表

谈判小组成员	工作内容
主谈人	代表采购部负责采购谈判的整体工作
	选拔采购谈判小组的其他成员
	拟订采购谈判计划和采购谈判策略
	监督采购谈判程序，掌握采购谈判进度
	听取专业人员的建议，协调谈判小组的整体意见
	与供应商进行具体谈判磋商
	做好采购谈判的总结汇报工作

② 安排采购谈判议程。采购谈判议程是关于谈判议题、谈判时间安排等内容确定的过程。在采购谈判初期，采购谈判小组需先确定采购谈判议程，以便为采购谈判的后续工作提供有效指导。采购谈判议程的具体内容如表4-5所示。

表4-5 采购谈判议程内容一览表

谈判议程	具体说明
确定谈判议题	① 与谈判相关的、需双方进行讨论的，都可作为谈判议题 ② 采购谈判议题需根据采购商品的质量、数量、价格水平、运输方式等方面确定
安排谈判时间	① 谈判时间的安排，就是确定谈判何时举行，持续多长时间，并对谈判的各个阶段的时间进行安排的过程 ② 在安排谈判时间时，需为谈判人员留有充分的准备时间，并要考虑谈判对方的情况，不要把谈判时间安排在对方明显不利的时间

谈判议程	具体说明
制定备选方案	① 需对整个谈判过程中双方可能做出的一切行动做出正确的估计，并依此设计出可行性的备选方案 ② 在制定谈判方案时，要注明在何种情况下，使用何种备选方案，以及备选方案的详细内容、操作说明等
安排谈判队伍角色	采购谈判的角色安排是指，在对谈判对手的情况以及谈判环境进行分析研究的基础上，根据谈判的内容、难易程度选择谈判人员，使他们在谈判中扮演各自的角色

（2）采购谈判内容

采购议程确定后，采购谈判小组需明确采购谈判内容。一般情况下，采购谈判的内容分为三个方面，具体如表4-6所示。

表 4-6　采购谈判内容一览表

事项	具体阐述
质量方面	产品的名称、规格和图纸，产品所用商品的规格、标准，模具的寿命和产能，包装材料的要求，采购方进货检验的标准，每批交货允许的次品率，产品拒收的条件和程序等
交期方面	订单的交货周期、订单周期、最小订单量、标准包装量、允许的订单数量的变动幅度、运输方式、产品的交货时间和地点等
价格方面	产品单价货币种类、允许的汇率浮动幅度或汇率换算比例、折扣比例、价格条款、运输费用、保险费用、进口关税、付款条款等

4.1.3　采购谈判技巧选择

在采购谈判中，采购员应掌握以下5个谈判技巧。

（1）掌握入题技巧

① 先谈一般原则，再谈细节。需要洽谈的问题千头万绪，往往要分成若干等级进行多次谈判。这时就需要采取先谈原则问题，再谈细节问题的方法入题。一旦双方就原则问题达成了一致，那么洽谈细节问题就有了依据。

② 从具体议题入手。大型谈判总是由具体的一次次谈判组成。在具体的每一次谈判会上，双方可以首先确定本次会议的谈判议题，然后从这一议题入手进行洽谈。

（2）掌握阐述技巧

① 开场阐述。谈判入题后，接下来就是双方进行开场阐述，这是洽谈的一个重要环节。己方开场阐述及对对方阐述的应对如表 4-7 所示。

表 4-7　阐述及应对表

项目	具体阐述
己方开场阐述	① 明确本次谈判所要解决的主题,以集中双方的注意力,统一双方的认识 ② 表明己方的基本立场
对对方阐述的应对	① 耐心地倾听对方的开场阐述,归纳对方开场阐述的内容,思考和理解对方的关键问题 ② 如果对方开场阐述的内容与己方意见差距较大,在对方阐述后,从侧面进行谈判

② 让对方先谈。当己方对市场态势和产品定价的新情况不太了解，或者当己方尚未确定购买产品，或者己方无权直接决定购买与否的时候，要让对方首先说明可提供何种产品、产品的性能如何、产品的价格如何等，然后再慎重地表达意见。

③ 坦诚相见。谈判中应当提倡坦诚相见，不但将对方想知道的情况告之，而且可以适当透露己方的某些动机和想法。

（3）掌握提问与答复技巧

① 提问技巧。提问时应注意提问方式的选择、提问时机的把握和其他注意事项，具体如表 4-8 所示。

表 4-8　提问技巧说明表

提问技巧	具体说明
提问方式	包括封闭式提问、开放式提问、婉转式提问、澄清式提问、探索式提问、借助式提问、强迫选择式提问、引导式提问和协商式提问等
提问时机	在对方发言完毕时提问,在对方发言停顿、间歇时提问,在自己发言前后提问,在议程规定的辩论时间提问等
提问速度	要注意提问的速度,提问后给对方足够的答复时间,提问时应尽量保持问题的连贯性

② 答复技巧。答复时要注意以下 6 点，具体如表 4-9 所示。

表 4-9　答复技巧说明表

序号	答复技巧说明
1	保留余地,即不要彻底答复对方的提问,取得谈判的主动权
2	要针对提问者的真实心理进行答复
3	采取谈判技巧,降低提问者追问的兴趣
4	在答复时,要让自己有充分的思考时间
5	要有礼貌地拒绝不值得回答的问题
6	如果可能,应尽可能利用各种方法找借口拖延答复

（4）掌握说服技巧

要想说服对方,首先必须要分析对方的心理和需要,做到有的放矢;其次语言必须亲切、富有号召力;最后必须有充足的耐心,不宜操之过急。说服也是实力和技巧的竞争。

要想取得谈判的胜利,必须要取得对方的信任,借助谈判中的共同点,营造恰当氛围,把握对方心理。

（5）掌握推动谈判技巧

推动谈判的技巧主要有以下三点。具体如表 4-10 所示。

表 4-10　推动谈判技巧说明表

技巧	具体说明
吸取以往的教训	对刚完成的谈判进行小结,明确哪里成功、哪里不对、哪里要改、对方如何,这对以后的谈判都有帮助
召开小组会议	小组会议可用于解决谈判小组内的分歧,对战略战术修订很有帮助
提升谈判中的洞察力	谈判中的洞察力包括制造良好的谈判气氛和跨文化问题的处理,跨文化还指对不同行业和市场的理解

4.1.4　制定采购谈判方案

为了提高采购谈判效果,达到降本增效的目的,应制定合理的采购谈判方案,帮助采购谈判人员提高采购谈判效率,确保采购谈判成功,下面是采购谈判方案范例。

方案名称	采购谈判方案	编　号	
		受控状态	

一、目的

为提高谈判效率,降低采购价格,规范谈判流程,根据企业实际情况,特制定本方案。

二、遵循原则

1.互利互惠原则。

在谈判过程中,不仅要从自身的利益出发考虑谈判的方式和技巧,也要通过换位思考的方式,从对方的利益角度考虑谈判目标的实现,努力实现合同谈判过程中的互利互惠原则。以不损害谈判双方的友好合作关系为前提。

2.时间原则。

在谈判前和谈判中通过时间技巧掌握谈判的主动权,力求速战速决。

3.信息原则。

信息的掌握程度在很大程度上决定着谈判的成功与否。在谈判前通过各种渠道掌握各类与谈判有关的信息,在谈判过程中通过对谈判信息的总结、提升转化为谈判的优势。

4.诚信原则。

诚信是谈判成功的基础,是与供应商保持长期良好合作关系的前提。在谈判中严禁使用涉嫌欺诈的方式和手段。

三、适用范围

适用企业所有采购谈判人员。

四、采购谈判成员

1.采购经理担任主谈人,负责采购谈判工作的整体把控。

2.采购合同主管、采购合同专员、采购员负责协助采购经理处理谈判事宜。

3.技术部专家、质量管理部专家协助采购经理进行谈判。

五、采购谈判目标

采购谈判之前,采购谈判人员须共同协商,确立谈判目标。谈判目标如下所示。

1.价格的最优目标、可接受目标、最低限度目标。

2.支付方式的最优目标、可接受目标、最低限度目标。

3.交货条件的最优目标、可接受目标、最低限度目标。

4.运输费用的最优目标、可接受目标、最低限度目标。

5.产品规格的最优目标、可接受目标、最低限度目标。

6.质量标准的最优目标、可接受目标、最低限度目标。

7.服务标准的最优目标、可接受目标、最低限度目标。

六、采购谈判项目

采购员根据采购计划,列明所采购商品的名称、数量、技术规格和要求等相关资料,使采购谈判小组成员尽快熟悉,具体内容如下所示。

1.商品品质。满足企业生产的需要,附有产品合格说明书、检验合格证书,知悉商品有效使用年限。

2.包装。内包装和外包装,根据谈判价格确定具体的包装形式。

3.价格。明确合理的采购价格可以给供应商带来销售量的增加、销售费用的减少、库存的降低等利好。

4.订购量。根据企业生产的实际进度和企业仓储的能力确定订购量。

5.折扣。折扣有数量折扣、付现金折扣、无退料折扣、季节性折扣以及新品折扣等。

6.付款条件。综合分析一次性付款、分期付款和延迟付款等付款方式,选择最为有利的付款方式。

7.交货期。交货期的确定以不影响企业的正常生产为基础条件,结合企业仓储管理成本,尽量选择分批供货。

8.售后服务事项。售后服务事项包括维修保证、品质保证、退换货等内容。

七、采购谈判的议程

1.谈判时间。

时间:××××年××月××日～××××年××月××日,上午8:30～11:30,下午2:00～5:00。

2.谈判地点。

地点:××市××大厦××商务楼××会议室。

八、采购谈判过程

采购谈判过程主要分为四个阶段:

1.开局。

(1)建立良好谈判气氛。

(2)交换相关谈判内容意见。

(3)双方进行开场陈述。

2.报价。

(1)把握报价原则,可以采取书面报价或口头报价方式。

(2)报价要确定合理的报价范围。

3.磋商。

(1)磋商的形式,主要包括书面或面对面两种形式,一般以面谈为主。

(2)把握谈判磋商的反复性,磋商的过程就是讨价还价的过程。

(3)磋商过程中适当让步。

4.成交。

(1)达到成交目的的策略。包括最后通牒、折中等。

(2)争取完全成交,在完全成交不现实时,把握部分成交。

(3)签署协议。谈判的成果只有在协议签署以后才能实现。

执行部门		监督部门		编修部门	
执行责任人		监督责任人		编修责任人	

4.2

采购合同签订

4.2.1 拟定采购合同文本

（1）确定合同内容构成

采购活动因采购对象不同，合同类型也多种多样，有原材料采购合同、设备采购合同、服务采购合同、技术采购合同等。但各类型合同的结构大致相同，一般由头部、正文和尾部构成，具体内容如表4-11所示。

表4-11　采购合同内容构成表

项目	具体阐述
确定头部	① 合同的头部主要包括：合同名称、合同编号、商品标准号别、签订地点、买卖双方的名称和地址、合同序言。 ② 了解合同头部，能清楚合同交易的目的、交易对象、地点、时间等，便于合同管理。
确定正文内容	合同的正文主要包括：商品的名称、规格、型号、等级、单位、数量、单价、总价，商品质量要求，包装、运输要求，交货时间、地点、方式，验收标准及验收方法，付款方式，产品的售后服务，违约责任及赔偿，解决争议的办法
确定尾部	合同的尾部主要包括：合同的份数、附件与合同的关系、合同的生效日期和终止日期、双方的签字盖章、合同的签订时间

（2）确定采购合同条款

合同条款是采购双方权利、义务的体现，是合同正文部分的具体细化。

采购员在确认采购合同条款时，要认真、仔细，数量、品质、价格条款是重中之重，采购员还要确认修理、更换、退货条款，最大程度维护己方的权益。具体内容如表4-12所示。

表4-12　采购合同条款表

项目	具体阐述
数量条款	采用一定的度量制度对商品进行量化，以表示出商品的重量、个数、长度、面积、容积等，必要时还应清楚说明误差范围
价格条款	价格是指交易每一计量单位商品的货币数值，如"一台电脑×元"。价格条款的主要内容有结算币种、单价和总价、折扣方式等

项目	具体阐述
品质条款	品质是指商品所具有的内在质量与外观形态的综合,包括各种性能指标和外观造型,在采购合同中,须以最明确的方式界定商品可接受的质量标准
支付条款	采用一定的手段,在指定的时间、地点,使用确定的方式支付货款,采购员要重点确认支付金额、支付方式和支付时间
检验条款	在一般的买卖交易过程中,按照合同条件对交货进行检查和验收,涉及质量、数量、包装等条款,内容主要包括检验时间、检验机构、检验工具、检验标准及方法等
包装条款	包装是把商品装进适当容器的操作,有效地保护商品在运输存放过程中不遭受损失并利于分拣和环保,包装主要包括:包装材料、包装方式、包装费用和运输标志等
装运条款	装运是指商品装上运载工具并运送到收料地点。条款主要包括运输费和包装费由谁承担、运输距离、送货频率、指定的交易时间、货品包装及包装单位、运输时所选的车种,以及卸货时的方式和数量等
保险条款	企业向保险企业投保,并交纳保险费。当商品在运输过程中遭受损失时,保险企业依照保险条款向企业作出经济上的补偿
仲裁条款	仲裁是指买卖双方自愿将其争议事项提交第三方进行裁决
不可抗力条款	在合同执行过程中发生的不能预见的人力难以控制的意外事故,如战争、洪水、台风、地震等,致使合同执行过程被迫中断,遭遇不可抗力的一方可因此免除合同责任

4.2.2 采购合同签订审核要点

(1)合同签订审核人员要点

采购合同签订时,要审核以下 5 点,具体如表 4-13 所示。

表 4-13 采购合同条款表

项目	具体阐述
采购员审核	采购员与供应商商谈后,拟定采购合同。采购员要审核合同的金额、数量、日期、名称是否正确,合同文本内容是否有错
采购经理审核	采购经理对合同的主体、标的、数量、质量、价格等进行审核,并签署意见
法务经理审核	法务经理负责对合同条款、内容的合法性、合规性、严密性和可行性进行审查

项目	具体阐述
财务经理审核	财务部经理对采购合同的价格、支付和税务等条款的合理性进行专业审核,并签署意见
总经理审核	单项采购合同金额在＿＿万元以内的,经财务经理审核通过后,采购员可立刻实施该合同,并做好合同台账的登记和管理工作。单项采购合同金额在＿＿万元以上的,须经总经理签字审批后执行

（2）合同签订审核内容要点

① 合同合法性审查。合法性审查即对合同内容是否符合国家法律规定进行审查。具体审查内容有以下 3 个方面, 如表 4-14 所示。

表 4-14 合同合法性审查的内容

审查项目	具体内容
供应商名称、办公地点	① 主体。主体是否具备相应的资质和许可 ② 注册资本。对方是否有缔约能力、对方承担责任的能力如何 ③ 经营范围。是否超出对方的经营范围
标的	法律对该标的是否有特别规定,如禁止流通物、限制流通物等
合同签订形式	合同是否需要以招标、拍卖等特殊的方式缔结

② 合同合规性审查。合同合规性审查主要是审查合同内容、流程是否符合企业的各项规章制度, 有无相抵触的情况发生。

③ 合同实践性审查。法务经理审查合同各方面的实际操作性, 以确保合同符合实际要求, 具体审查内容如表 4-15 所示。

表 4-15 合同实践性审查的内容

审查项目	具体内容
标的	要详细、明确,做到指向对象具体
商品基本信息	合同中采购商品的名称、品牌、计量单位和价格等
质量	① 质量标准应具体,可行 ② 有明确的验收方式,双方应出具书面验收材料 ③ 要求对方提供质量保证
价格或报酬	① 金额大小写是否规范,支付期限是否明确 ② 是否明确了逾期不履行的违约责任

审查项目	具体内容
履行期限、地点和方式	履行期限和地点是否明确，履行方式是否具有可操作性
违约责任	需要对潜在的纠纷有较全面的预测，审查违约责任是否与潜在的违约形态相对应，是否具有实践性
解决争议的方法	是否有约定，约定是否对本企业有利

4.2.3 变更、撤销与解除采购合同步骤

（1）变更采购合同步骤

采购合同执行过程中，因供应商、外部市场环境、不可抗力的原因造成供应商无法按时供应，采购员调查核实后，可与供应商签订新的采购合同。采购员在变更采购合同时，应遵循一定的步骤，具体如图4-1所示。

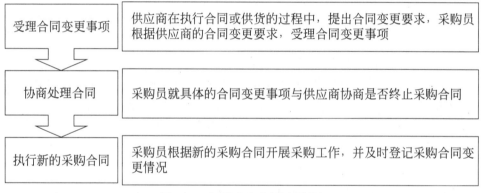

图 4-1　变更采购合同步骤图

（2）撤销采购合同步骤

履行采购合同过程中，发现采购合同存在重大误解、欺骗、欺诈或者胁迫等情况，有撤销权的一方可以申请撤销采购合同。采购员撤销采购合同应遵循以下步骤，具体如图4-2所示。

（3）解除采购合同步骤

采购合同执行过程中，因不可抗力、市场环境与需求变化、供应商违背合同条款、供应商逾期履行合同等因素造成合同无法继续执行的，要与供应商解除采购合同。采购员在解除采购合同时，应遵循一定的步骤，解除采购合同步骤图如图4-3所示。

发现采购合同 存在问题	在执行采购合同的过程中，采购员发现采购合同中存在重大误解、欺骗、欺诈或者胁迫的，要及时提出撤销合同的申请
提出撤销合同申请	采购员向供应商发出撤销合同要求，供应商接收到该要求后，对采购员提出的撤销合同要求给出回复
向仲裁机构 提出撤销申请	供应商不同意撤销采购合同的，采购员要将供应商的意愿转达给企业的法律顾问，由法律顾问向仲裁机构发出撤销采购合同申请
配合机构调查取证	采购员要配合仲裁机构关于采购合同的调查取证工作，不弄虚作假，按照仲裁机构的仲裁结果办理退款、退货等相关事宜
处理退换货事宜	①供应商同意撤销采购合同的，直接办理退款、退货事宜 ②供应商不同意撤销采购合同的，经仲裁机构仲裁后，双方接受仲裁结果，办理退款、退货事宜
签字确认撤销 采购合同	采购员编制采购合同撤销说明书，审核通过后，采购员与供应商共同签字确认
整理归档相关资料	采购员对采购合同的撤销进行整理，形成完整的采购合同撤销资料，归档保留

图 4-2　撤销采购合同步骤图

提出解除合同	因不可抗力、市场环境与需求变化、供应商违背合同条款等情形，导致采购合同无法继续执行，采购员要及时提出解除合同的申请
协商解除合同	采购员与供应商对采购执行过程中存在的问题进行探讨，协商解除采购合同
达成解除书面协议	采购员与供应商就解除采购合同达成一致意见后，采购员编写采购合同的解除书面协议，报采购经理、法律顾问审核，总经理审批
签订解除书面协议	供应商对采购合同解除协议内容无异议的，采购员与供应商共同签署采购合同解除协议

图 4-3　解除采购合同步骤图

第 **5** 章

合同履行过程管理

5.1

订单管理

5.1.1 采购订单编制技巧

采购员要恰当地使用编制技巧来编制采购订单，明晰采购订单内容，明确采购项目，编制采购订单，加快供应商供货。

（1）明确订单内容

根据企业实际的生产经营需要及采购计划要求，采购员编制采购订单。采购订单一般有月度采购订单、临时采购订单等，其主要内容如表 5-1 所示。

表 5-1　订单内容明细表

订单分类	主要内容
月度采购订单	① 采购商品的名称、品种、型号和规格 ② 订货总数量、分期交货数和订单号 ③ 包装运输、到货地点、随货文件和验收方法 ④ 订单生效的条件和到仓争端的处理等
临时采购订单	① 采购商品的名称、品种、型号和规格 ② 采购数量和要求、交付时间等

（2）编制采购订单

订单内容确定后，根据内容编制采购订单，采购订单的编制步骤主要包括以下 3 个方面，具体内容如表 5-2 所示。

表 5-2　订单制定步骤表

编制步骤	主要内容
编制订单草案	① 采购员根据企业采购计划、当月生产等部门上报的采购申请，编制采购订单草案 ② 若是临时采购，则采购订单编制的基本依据为仓库库存报表，这就要求采购员及时了解库存情况，以便提前采买，不影响正常的生产进度
上报主管审核	采购订单草案编制完成后，采购员仔细检查无误后上报主管审核、批准

编制步骤	主要内容
形成正式订单	① 采购主管接收采购订单草案后,根据采购订单内容,查阅是否有供应商合同 ② 若有供应商合同,则安排采购员编制正式的采购订单,实施采购 ③ 若没有供应商合同,则安排采购员进行市场询价谈判,并在规定的时间内完成谈判事宜,编制正式采购订单,发送给相应供应商 ④ 通常企业的采购订单必须连续编号,用统一的标准格式,一式三联,一联交给采购部留存,一联交给财务部存档,一联交给供应商

表 5-3 是一份采购订单样本,采购员可根据企业的实际采购情况参考使用。

表 5-3 采购订单

拟制日期: _____年____月____日   订单合同编号: _____

企业名称		地址					电话			
供应商名称		地址					电话			
序号	商品编码	名称	型号描述	需求数量	单位	单价	金额	交货日期	备注	
1										
2										
3										
合　计						总金额(小写)				

总金额(大写)	
交货地点	
付款方法	
包装要求	
验收方式	
其他说明	

认证单位签字盖章: 订单人员:	供应商签字盖章: 业务主管:

制定		日期		审核		日期		批准	

5.1.2 采购订单审核方法

在进行采购订单审核时，采购员应根据实际情况，灵活选择和运用审核方法。在实际操作中，常见的审核方法主要有纵向审核法和横向审核法两种。

（1）纵向审核法

纵向审核法是以采购订单为基础，对各项条款进行逐字检查核对，确保订单内容与合同一致。重点审核以下 7 点内容。

① 审核采购订单与采购合同的商品描述是否一致。

② 审核物品名称、数量、单价、总额是否正确。

③ 审核交易条件、交付方式、交付时间、交付地点是否正确。

④ 审核供应商的信息（供应商名称、电话、代码、传真）是否正确。

⑤ 审核付款方式和付款时间。

⑥ 审核违约情况下，双方解决纠纷的方式、方法。

⑦ 审核其他双方约定的事项。

（2）横向审核法

横向审核法是在纵向审核的基础上，依据已完成的订单来审核供应商的情况，审核内容主要包括以下 4 点。

① 审核是否是长期供应商，其信誉、产品品质如何。

② 审核供应商的商品价格是否适当、最具有市场竞争力。

③ 审核供应商是否能保证准时交货。

④ 审核供应商是否能发展为战略合作伙伴关系。

5.1.3 采购订单跟踪步骤

采购订单跟踪是指采购员对采购订单执行情况的跟踪监督，其主要目的是促进采购合同的正常执行，满足企业的生产经营需求，保持合理的库存水平。

采购订单跟踪主要分为三个步骤，如下所述。

（1）采购订单执行前的跟踪

采购订单执行前，采购员需要跟踪以下三个方面，具体如表 5-4 所示。

（2）采购订单执行中的跟踪

供应商确认采购订单后，采购订单即具有法律效力，采购员应全力跟踪采购订单执行情况。订单在执行过程中，采购员对订单跟踪主要应把握以下事项，具体如表 5-5 所示。

表 5-4　采购订单执行前追踪内容表

跟踪方向	跟踪内容
供应商方面	① 订单发出之前,采购员询问供应商是否愿意接受订单,对于订单的价格、质量是否存在异议,采购订单是否需要修改 ② 订单执行前采购员要及时与供应商沟通联系,了解供应商对采购订单的准备工作,是否能按照交期完成采购订单要求
仓储方面	采购员在采购订单执行前,要与仓储部门沟通商品到达后的存放空间情况,保证有足够的库存空间存放商品
物流方面	订单执行前,与供应商沟通物流运输方式和物流运输线路情况,对可能出现的问题提前做出预案

表 5-5　采购订单执行中追踪内容表

跟踪方向	跟踪内容
供应商备货	① 订单发出后,要及时了解供应商是否能够接受订单,如若难以接受,则应尽快选择其他供应商 ② 跟踪供应商备货流程,发现问题及时反馈,需要中途变更的要立即解决,以保证准时到货
市场环境	① 如若市场生产需求紧急,需本批商品立即到货的,采购员应马上与供应商协调,必要时可帮助供应商解决疑难问题,保证所需商品的准时供应 ② 如若市场需求出现滞销,企业经研究决定延缓或者取消本次订单,采购员应尽快与供应商沟通,确认其可承受的延缓时间,或者中止本次订单操作,给供应商赔款
库存情况	① 既要保证企业生产活动不能因缺少商品终止,也要保证最低的库存水平 ② 采购员应根据企业生产进度等因素,提前规划好采购商品的到货时间,出现库存过高或过低时,应及时与供应商协调到货时间,保证库存控制在合理的水平上
商品验收	① 商品到达订单规定的交货地点后,采购员必须按照要求,对照采购订单,对货品数量、批量、单价等方面进行确认、记录归档等 ② 对于设备、工程等周期较长的采购,采购员除做好跟踪工作外,还要不断了解订单状态,了解供应商的质量、货期的变化情况,及时填写订单状态报告,以便采购主管掌握采购进程,进一步开展工作

（3）采购订单执行后的跟踪

采购的商品到达后，跟踪并没有终止，还要继续跟踪货款支付、商品质量等情况，具体内容如表5-6所示。

表5-6　采购订单执行后追踪内容表

跟踪方向	跟踪内容
货款支付跟踪	① 供应商按时交货且验收没有问题后,采购员应按合同规定对供应商支付货款,并进行跟踪 ② 如果供应商未收到货款,采购员有责任督促财务人员按照流程规定加快操作,避免影响企业信誉
商品质量跟踪	① 如若所购商品在使用过程中出现细小问题,可由采购员或现场检验者联系供应商解决 ② 如若发生重要问题,可经质管人员、认证人员鉴定后,根据所出现的问题责任确定解决方案,由采购员及时与供应商沟通协调后解决

5.1.4　订单存档管理办法

采购员与供应商签订的合同、出具的采购订单及相关文件、资料要及时存档备查，要制定订单存档管理办法，来规范订单存档管理工作。

办法名称	订单存档管理办法		受控状态	
			编　号	
执行部门		监督部门	编修部门	

第1章　总则

第1条　目的。

为了使订单存档管理工作规范化和程序化,明确采购员在订单存档工作中的职责,保证订单能够快速、便捷地找到,特制定本办法。

第2条　适用范围。

本办法适用于企业所有采购订单工作的管理。

第3条　管理职责。

1.采购员负责整理同一批次采购过程中产生的订单、订单接收函、与供应商往来的信函等相关资料,然后将资料交给采购合同专员。

2.采购合同专员负责采购订单日常的监督、检查及保密管理工作。

第4条　订单定义。

采购订单包括采购数据(品名、数量、价格、规格型号)、供应商信息、交付信息、企业信息等内容。

第2章 订单密级划分

第5条 订单密级分类。

采购订单按密级分为四类：绝密订单、机密订单、秘密订单和普通订单，具体如下所示。

1.绝密订单。

(1)涉及企业核心机密的产品在生产时，所需关键商品的采购订单。

(2)新产品、新技术、新设备所需商品的采购订单。

2.机密订单。

(1)企业重要产品生产所需的核心商品的采购订单。

(2)尚未确定的产品生产中所需商品的采购订单。

3.秘密订单。

具有较强市场占有率的产品生产，所需商品的采购订单。

4.普通订单。

(1)各部门办公用品的采购订单。

(2)产品生产中所需的普通商品的采购订单。

第6条 订单密级确定。

采购订单由采购员提出密级意见并报送保密办公室，保密办公室进行密级审批，划分为绝密级的订单由保密办公室上报给总经理审批。

第3章 订单保存管理

第7条 保密办公室管理。

1.保密办公室内禁止无关人员出入，任何人未经许可不得使用或随意翻动订单。

2.采购合同专员做好保密办公室的防火、防潮、防高温、防虫、防鼠、防光、防尘、防污染、防盗、防电磁辐射等保护工作。

3.采购合同专员定期检查保密办公室的电气设备、消防器材等的完好状态，确保订单的安全。

第8条 订单整理与归档。

1.采购员将全部完结的订单及需要保管的订单，需在完结或整理后3天内交采购合同专员进行密级划分，密级划分后保密办公室将普通订单移交档案室进行保管，涉密订单由保密办公室留存保管。

2.保密办公室按完整、有序的原则对订单进行整理、检查，按类别、年度、保管期限等立卷，按密级、整理编号等进行归档，并在订单保存簿上做好登记。

3.采购员将尚未完结和整理的订单交采购合同专员妥善保存，防止丢失，待完结或整理后提交保密办公室，由保密办公室完成归档工作。

第9条 订单保管与储存。

1.订单的存放场所应做好保密措施，不得将订单随意放在办公桌面上或存放在玻璃橱和敞开式的橱柜中。

2.涉密订单，一律存放在保密办公室的保险柜或带锁的文件柜中。

3.订单的保管、存放必须明确专人负责,绝密级信息文件由保密办公室主任亲自保管,机密级、秘密级信息文件由保密办公室工作人员在职责范围内分项保管。

第4章 订单检查管理

第10条 保密办公室每年对所保管订单的数量、保管情况等进行一次检查,发现问题及时采取补救措施,确保订单的安全。

第11条 保存期满或没必要继续保存的订单必须进行销毁,由保密办公室对确定销毁的订单列册登记,并送总经理审批后销毁。销毁订单时,必须指派专人监销,防止泄密。

第12条 保存的未归档订单在未移交保密办公室前不得销毁。

第13条 没有保存价值及使用价值的订单由采购合同专员提出销毁申请,经采购主管审批后,采购合同专员将其保管的已批准销毁的订单移交保密办公室,保密办公室统一安排销毁。

第14条 采购订单的销毁工作由保密办公室负责,销毁方式为待销毁订单先经专用碎纸机破碎,然后封存,统一送至和企业签有保密协议的定点造纸厂打浆销毁。任何个人不准擅自销毁订单或当废纸出售。

第5章 电子订单管理

第15条 电子订单存储形式。

电子订单从保管形式上主要分为以下两种。

1.存储在优盘、移动硬盘等移动介质上的电子订单。

2.存储在网络数据库中的电子订单。

第16条 电子订单保密。

1.存储在优盘、移动硬盘上的电子订单在保管方面需做好防损坏工作,一般情况下需复制备份。

2.存储在网络数据库中的电子订单,应重点做好数据库的安全与保密工作,做好内、外网分离,并对内、外网服务器布置好防火墙。

3.做好权限控制,必要时应设置密码,确保电子订单只能被有权限的人浏览使用,电子订单内容不能下载或复制到终端及任何设备上,从根本上杜绝保密信息的泄露。

第6章 附则

第17条 编制单位。

本办法由采购部负责编制、解释与修订。

第18条 生效时间。

本办法自××××年××月××日起生效。

编制日期		审核日期		批准日期	
修改标记		修改处数		修改日期	

进货验收

5.2.1 验收准备事项

采购员在采购订单下达后，就要做好采购商品的验收准备工作。一般验收工作有 4 项准备事项。

（1）确定交货验收时间

交货验收时间应以采购合同中写明的时限要求为准，一般有以下 4 种情况。

① 生产过程所需的预备时间。

② 供应商品的交货日期。

③ 特殊器材技术验收时所需时间，或者采用分期交货的时间。

④ 供应商有延期交货或需要变更交货时间时，采购员应根据供应商的说明函件与供应商确认后，确定验收时间。

（2）确定交货验收地点

交货验收的地点，通常以合同指定地点为主。若预定交货地点因故不能使用，需移转其他处办理验收工作时，采购员应事先通知供应商。

采购员可根据商品的实际情况，经双方约定，确定最佳的验货地点，一般的验货地点有以下 4 种情况，具体如图 5-1 所示。

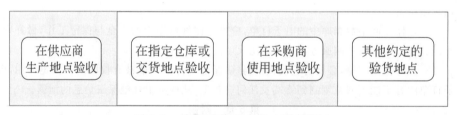

| 在供应商生产地点验收 | 在指定仓库或交货地点验收 | 在采购商使用地点验收 | 其他约定的验货地点 |

图 5-1　确定验货地点的 4 种情况

（3）明确采购验收职责

采购验收职责主要有以下三种情况，到底采取哪些验收方式，双方需在采购合同中明确标注。

① 自行负责检验，通常用于国内采购。

② 委托检验，如委托专门的检验机构。通常用于国外采购或以特殊规格采购。

③ 由供应商出具产品合格证明书。

（4）选择货品检验方法

进行商品验收，要选择合适的验收方法，常用的商品验收方法有以下 4 种，具体如表 5-7 所示。

表 5-7　货品检验方法解析表

检验方法	说明	具体操作
目视验收法	所购商品能以一般度量器具按合同规定的数量予以称量点数的验收方法	使用一般器具对到货商品、货品进行外观、数量等的检验
技术验收法	① 凡检验商品、货品的理化性能以及使用效能等，都需要采用技术鉴定 ② 由专门技术人员用专门仪器做适当的试验来完成，有现场检验及实验室鉴定两种	对整套机械设备、建筑工程或简单机件及一般的商品，最好采用现场检验。如必须进行理化生物试验或装配试用等，还应抽样检验
试验验收法	对特殊规格的商品、货品，必须做技术上的试验（包括物理试验、化学分析、专家复验）	① 社会上的试验场所 ② 供应商或采购企业实验室内 ③ 专家复验
抽样检验法	① 抽取一定数量货品作为样本进行检验 ② 抽样数量常以经济与判断为基础，若根据数学公式的"量表"进行检验则更为准确	凡商品数量庞大无法一一试验，或商品一经拆封、露光、与空气接触，试用后就不能复原者，都应采取抽样检验的方式办理

5.2.2　商品验收步骤

做好验收准备，采购员可按约定的时间、地点，组织相关人员进行商品验收工作。商品验收主要从以下 3 个方面进行：点收数量、检验品质、检验交货手续。

（1）点收数量

采购员检验实际交货数量是否与运送凭单或订单所记载数量相符，一般做法就是直接检验，注意在检验时要将数量进行两次确认，以确保准确无误。

如果货品数量太多，采购员可采用抽查方式进行数量清点。特别要注意有固定包装者是否数量一致。例如，"一打"的包装者是否确实有 12 个，一吨包装者是否确实有 1 000 千克，不要只顾计算"打"或"吨"，疏忽每打的个数及每吨的斤两。

（2）检验品质

到货检验主要是采购员确认接收的商品与订购的商品是否一致。商品的检验可以用科学的红外线鉴定法等，或者是依照验收的经验及对商品的知识采取的各种检验方法。

不管是将所有货品做全面性的检查，还是将货品抽样检查，采购员都要认真、仔细，尤其是高级品或招牌商品，尽量做全面性检查，对购入数量大或是单价低的货品，则采取抽样检查，填写抽样检验表。

（3）检验交货手续

在交货时一般由供应商出具清单若干份，在交货当天或交货前若干天送达采购企业。在清单上要注明交付商品的名称、数量、商标编号、毛重量、净重量，以及运输工具的牌照号码、班次、日期及其他尚需注明的事宜，以供采购企业做验收准备工作之用。

同时，采购合同的统一号码、分区号码、合同签订日期及通知交货日期等也应注明于该清单上，以供参考。

而在交货现场，采购员应对照供货清单核对交来货品的种类及数量等，并鉴定一切由于运输及搬运而引起的损害，核对结果并立即编写报告，详细加注于清单上。

5.2.3 验收结果处理与记录

（1）验收结果处理

经过检验，采购员应根据验收结果及时对来货进行处理，具体如表5-8所示。

表 5-8 验收结果处理表

订单分类	主要内容
标识	对于通过验收的商品,采购员应及时加以标识,以便查明验收经过及时间,并易于与未验的同类商品有所区别。同时还要配合仓储部门及时办理商品入库,以便使用部门安排生产进度
拒收	① 凡不符合规定的商品,应一律拒绝接收。合同规定准许换货重交的,合格品交付后,再予发还 ② 通常供应商对不合格的物品都延迟处置,仓储人员应配合采购员催促供应商前来收回,否则逾越时限,可不负保管责任或自行抛弃
处理短缺损失	根据验收结果,若发生短缺损失应立即向供应商要求赔偿或向运输单位索赔,或是办理内部报损手续等

（2）填写验收报告

到货验收后，采购员应及时给供应商出具验收证明书或报告书。如因交货不符而拒收，也必须详细写明原因，以便洽谈办理其他手续。

表5-9、表5-10是两份采购验收报告书模板，可参考使用。

表5-9　设备采购验收报告单

采购专员：　　　　　　　　　　　　　　日期：　　　　年　　月　　日

设备名称		规格型号		出厂日期	
出厂编号					
国别及生产厂				到货日期	
单位		数量		主要附件	
单价		经费来源			
验收详细记录	设备外观情况				
	设备数量符合情况				
	技术指标符合情况				
验收人签字	签字：　　　　　　　　　　日期：　　　年　　月　　日				
使用单位验收人意见	签字：　　　　　　　　　　日期：　　　年　　月　　日				
使用单位负责人意见	签字：　　　　　　　　　　日期：　　　年　　月　　日				
设备管理科负责人意见	签字：　　　　　　　　　　日期：　　　年　　月　　日				
备　注	验收完毕应立即持验收报告单到设备管理科办理固定资产登记和入库手续				

表 5-10　产品检验报告书

编号：　　　　　　　　　供应商：　　　　　　　　　检验日期：

产品名称		型号规格		来货数量	
来货日期		抽样数量			
验 证 记 录					
序号	验证项目	标准要求	实测结果		结论

验证结论	检验人：　　　　日期：　　年　月　日 复　核：　　　　日期：　　年　月　日
不合格品 处理意见	□ 可用　□ 挑选　□ 换货　□ 退货 审　批：　　　　日期：　　年　月　日

5.3

货款支付

5.3.1　办理预支款步骤

　　预支是采购企业按照采购合同约定提前支付给供应商货款的一种支付方式，其目的主要是获得稳定的供应，以及解决供应商周转资金短缺问题。办理预支款时，应遵循一定的步骤，具体如图 5-2 所示。

　　预支方式存在一定的财务风险，采购员要慎重使用。选择预支方式进行采购，采购员要与供应商签订正式的采购合同或协议，在发生违约情况时可利用法律手段解决。

　　采购员在递交"预支款申请单"时，还应随附采购合同，需要支款商品清单及企业要求提交的其他单据。"预支款申请单"的具体内容如表 5-11 所示。

| 约定支付方式 | 市场供应紧张或生产周期较长，为了规避价格风险，对长期需要供应的、价格受市场供求关系影响波动较大的材料和商品，采购员可申请采用预先订购的方式进行采购 |

| 提交预支申请 | 采购员依据企业的实际需求情况制订采购计划及付款计划。对于需要预支款的采购项目，应按照合同约定提前向财务部门递交"预支款申请单"，以便付款及时、采购到货及时 |

| 跟踪预支款给付 | 采购员在递交"预支款申请单"后，要与财务部门及时沟通，跟踪申请单的审批情况，以便及时付款 |

| 确认货款到账 | 接到财务部门的付款通知后，采购员要及时与供应商沟通，确认款项到账情况，进而督促供应商发货。如果供应商未收到货款，采购员应督促付款人员按照流程加快操作 |

图 5-2　预支款步骤图

表 5-11　预支款申请单

日期：_____年___月___日　　申请部门：□ 采购部　□ 总务部　□ 其他

付款用途	□ 订金（尚未开发票）　　　□ 分批交货暂支款
金　额	大写：　　　　　　　　　（小写：　　　　　　　　）
说明	
冲销日期	

5.3.2　办理分期付款步骤

　　分期付款是指采购商品时，先交付部分订金，在不同阶段分期支付余下货款，最后一笔货款一般在交货或供应商承担的质量保证期满时付清的一种付款方式。

　　采购员处理分期付款的工作步骤图如图 5-3 所示。

　　采购员选择分期付款方式，需要向财务部提交"采购分期付款方式申请表"，具体内容如表 5-12 所示。

提交付款申请	办理分期付款时，采购员应向财务部提交"采购分期付款方式申请表"，详细地注明所购商品名称、发票号码和采购计划文书、序号等，同时附上采购合同等相关证件、资料
支付首付款	"采购分期付款方式申请表"提交后，采购员应跟踪申请表的审批情况，及时了解付款情况。财务部办理完首付款支付手续后通知采购员，以便采购员及时与供应商联络货款到账情况，并督促其执行采购合同
按约定分期付款	按照合同约定，第一批商品在供应商按时交货后，经验收合格，采购员及时向企业财务部提交"采购分期付款方式申请表"，附采购商品验收单，申领当期应付账款，及时与供应商结款

图 5-3 分期付款的步骤图

表 5-12 采购分期付款方式申请表

申请日期	年 月 日	单位(元)	
采购单位	（签章）	联 系 人	
		联系电话	
供应商名称		联 系 人	
		联系电话	
供应商开户行		账 号	
采购项目名称		成交金额	
采购项目编号			
采购单位付款意见	已支付情况(金额与日期)		
	余 额		
	现支付意见	单位负责人(签字) 经办人(签字)	
采购部意见			
备 注			

5.3.3 办理延期付款步骤

延期付款是赊销的形式之一，主要指企业在采购大量商品的情况下，交易金额较大，企业一时不能付清全部货款，采购员可与供应商进行协商，延期交付货款。

延期付款的具体操作步骤如图 5-4 所示。

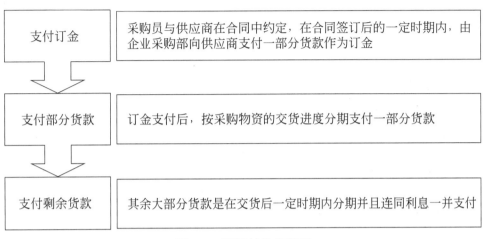

支付订金	采购员与供应商在合同中约定，在合同签订后的一定时期内，由企业采购部向供应商支付一部分货款作为订金
支付部分货款	订金支付后，按采购物资的交货进度分期支付一部分货款
支付剩余货款	其余大部分货款是在交货后一定时期内分期并且连同利息一并支付

图 5-4　延期付款步骤图

企业选择延期付款，采购员在业务办理过程中需要注意以下事项。

① 由于大部分货款是在交货后相当长一段时间内分期摊付的，所以企业要向供应商支付利息。商品的所有权一般在商品交付时转移完成。

② 延期付款是企业利用供应商资金的一种形式，一般货价较高，供应商承担的风险也比较大，如按延期付款条件签订合同，供应商一般会结合利息、费用和价格等因素进行考察，权衡得失，做出适当的选择。

③ 企业采购员在签订合同时应权衡各方面的因素，协调好相关事宜，避免给企业带来损失。

5.4
违约处理

5.4.1　违约情况判定

供应商在履行采购合同过程中，可能会发生各种违约情况，为处理供应商违约行为，减少企业的损害，应制定违约情况判定与处理办法。

办法名称	违约情况判定与处理办法		受控状态	
			编　号	
执行部门		监督部门	编修部门	

第1章　总则

第1条　目的。

为了判定采购过程中出现的违约情况,加强对采购合同的管理,提高处理违约情况的能力,避免企业造成损失,根据企业实际情况,特制定本办法。

第2条　适用范围。

本办法适用于采购合同履行期间,违约情况的判定与处理工作的管理。

第3条　管理职责。

1.采购员负责判断供应商是否存在违约行为,并将该违约行为进行分类。

2.采购部根据供应商的违约行为,制定违约行为处理办法。

第2章　拒绝交货

第4条　拒绝交货的4种情况。

1.供应商在交货期限届满以后的一段时间内仍未交货且构成重大违约,或采购方依约取得解除权的。

2.供应商在交货期限届满之前或之后明确表示将不交货,或其状况、行为已显著表明将不交货的。

3.供应商在交货期限内未交货,经采购方催告要求在合理宽限期内交货的,如果供应商在合理宽限期内仍未交货,或明确表示将不在合理期限内交货的。

4.供应商在交货期限届满以后的一段合理时间内虽然向采购方交货,但所交商品根本不是或实质上有别于订单约定的商品,且拒不交付替代物的。

第5条　拒绝交货免责的2种情况。

存在以下情况的,供应商不承担违约责任。

1.供应商因不可抗力或合同约定的其他免责事由而拒绝交货的。

2.供应商因企业拒绝收取商品、过时收取商品、下落不明、不履行协作义务等原因而拒绝交货的。

第6条　拒绝交货处理办法。

供应商在拒绝交货构成违约时,采购员可采取以下4种办法处理并追究供应商的违约责任。

1.继续履行。发生拒绝交货的情况,在企业不受损失的情况下,采购员可要求供应商继续交货,履行采购合同规定的义务。

2.更换或交付替代物。

(1)供应商所交商品或所交提货单证上记载的商品根本不是或实质上有别于合同上的商品的,采购方可以要求供应商更换商品或交付符合约定的替代商品。

(2)更换商品或交付替代物实质上是继续履行的延伸,其适用的限制条件与继续履行相同。

3.解除合同。采购员采用通知供应商的方式行使解除权以解除合同。

4.赔偿损失。因拒绝交货而使采购方遭受损失的,采购员有权按照合同约定要求供应商赔偿损失,提出具体赔偿方案。

第3章 不适当交货

第7条 不适当交货的5种情况。

1.未在适当的时间交货。提前交货、延迟交货。

2.未以适当的方式交货。应该一次交货却分批交货,应分批交货却一次交货,应安排快捷的运输方式却安排较慢的运输方式将商品交承运人运交采购方等。

3.未按约定的数量交货。供应商在交货期限届满时,向采购方少交或多交商品。

4.供应商违反品质担保。供应商未按适当的质量要求向采购方交货,或者所交商品质量有瑕疵。

5.未按适当的包装交货。供应商所交商品未以适当的储运包装、保护性包装方式予以包装。

第8条 不适当交货免责的6种情况。

当出现以下不适当交货的事由,供应商不承担违约责任。

1.供应商因不可抗力或合同约定的其他免责事由而不能适当交货的。

2.供应商因行使后履行抗辩权而未在约定的期限内交货的。

3.供应商因企业拒绝按时收货、不履行协作义务等原因而不适当交货的。

4.供应商对商品风险转移至采购方后才发生的瑕疵,且有证据的。

5.供应商对采购方订约时已知或应知的商品瑕疵。

6.供应商在采购方及时检验收到的商品并给予异议通知的情况下,对少交商品或商品质量瑕疵(包括包装瑕疵)不负违约责任。

第9条 不适当交货处理办法。

对于供应商的不适当交货,采购员可以根据供应商不适当交货的原因和供应商不适当交货对采购方利益造成损害的程度,采取相应的处理方式。

第10条 供应商未按约定时间、地点和方式交货。

1.提前交货。

收取:采购方可收取供应商的提前交货,因此增加的费用支出可要求供应商赔偿。

拒收:采购方可拒绝提前收取,提前交货不损害采购方利益的除外。

2.延迟交货。

收取:采购方收取商品,因此而遭受损害的可要求供应商赔偿。

拒收:①迟延交货构成重大违约致使企业取得解除权的,采购方可拒收。

②因拒绝致使供应商未完成交货的,追究供应商的违约责任。迟延交货未构成重大违约的,采购方不得拒收,不得单方面行使解除权,合同另有约定的除外。

第11条 供应商交货数量不准确。

1.少交。

供应商少交商品,采购方仍然收取所交的部分商品,因此增加费用和支出的,可要求供应商赔偿。

供应商就少部分的商品予以补足,但构成迟延交付的,就该部分迟延交付,采购方可以迟延交货为由向供应商索赔。

供应商就少部分的商品未再交付的,采购方就该部分商品可以拒绝交货为由解除合同,或要求继续履行并赔偿。

供应商部分交货,不损害采购方利益的,不属违约,采购方既不能拒绝收取商品,也不能索赔。

2.多交。

收取多交部分。采购方收取多交的部分商品,因此增加的费用和支出并且供应商因此避免损失的,可以要求供应商赔偿,赔偿额应以两者中较低的金额为宜。

拒绝多交部分。采购方可以拒绝接收多交的部分,但应及时通知供应商。

第12条　供应商交货质量有问题。

1.供应商违反品质担保交货时,可分下列4种情形进行处理。

(1)如商品必须由供应商修理的,可要求供应商修理并赔偿损失,或要求减少价款并赔偿损失。

(2)如商品由供应商以外的人修理更为合理,则采购方可要求供应商负担修理费用并赔偿损失,或要求减少价款并赔偿损失。

(3)如商品无法修理,则要求供应商更换并赔偿损失,或者要求减少价款并赔偿损失。

(4)若致使采购方的合同目的不能实现或严重受挫的,或者在采购方要求更换而拒不更换的,追究供应商的违约责任。

2.供应商交货时未按适当包装交货时,可分下列2种情形进行处理。

(1)采购方可要求供应商更换包装并索赔,或者要求降低价款并索赔。

(2)若致使采购方的合同目的不能实现或严重受挫的,或导致商品损毁、减少却拒绝重新交货或补足数量的,追究供应商的违约责任。

第4章　附则

第13条　编制单位。

本办法由采购部负责编制、解释与修订。

第14条　生效时间。

本办法自××××年××月××日起生效。

编制日期		审核日期		批准日期	
修改标记		修改处数		修改日期	

5.4.2　违约处理步骤

为规范供应商违约情况的处理,解决采购纠纷,要制定合理的违约处理步骤,具体步骤如图5-5所示。

发生违约情况,且确定为供应商责任的,采购员可制作"索赔通知单",通过适当的方式传达给供应商,并就赔偿额、赔偿方式等进行协商。双方协商一致后,依据相应财务手续办理索赔,并做好记录。以下是一份"索赔通知单"范例,采购员可参考使用。

发生违约情况	与供应商签订采购合同后，采购员要监督供应商供货情况，对于供货过程中发生的违约情况，要及时上报采购主管
判断违约责任	①法务部判定违约属于企业责任的，采购员根据采购合同约定制定违约赔偿方案，上交采购主管审核，总经理审批 ②法务部判定违约属于供应商责任的，采购员要确定供应商的违约事项，及时与供应商联系
履行违约责任	确定为供应商责任的，采购员要与供应商协商，要求供应商按合同约定履行违约责任，要求供应商支付违约金并赔偿损失
支付赔偿款项	①确定为企业责任的，违约赔偿方案经总经理审批通过后，向供应商支付赔偿款项 ②确定为供应商责任的，供应商要向企业的财务部门支付赔偿款项，履行违约责任
进行财务处理	①确定为企业责任的，采购员要与供应商及时沟通，确定供应商是否收到赔偿款 ②确定为供应商责任的，采购员及时询问财务部门是否及时收到供应商的赔偿款，未收到的，及时催促供应商打款

图 5-5　违约处理步骤说明图

索赔通知单

××企业：

本企业于___年___月___日向贵司采购货品，因 □交期迟延 □品质不良，造成本企业蒙受___元的损失，兹附 □损失计算表一份，□品质检验报告一份，□本企业客户索赔函复印件一份，连同原采购合同复印件一份，望贵司给予谅察赔偿，其赔偿金额___元，敬请贵司同意。

　　□以___个月期票支付

　　□由其他货款中扣除

　　□以现金支付

　　顺颂

商祺　　　　　　　　　　　　　　　　　　　　　　××企业

　　　　　　　　　　　　　　　　　　　　　　　　年　月　日

第6章

采购过程控制管理

6.1

控制采购质量

6.1.1 制定商品质量控制标准

采购商品质量的高低决定了采购活动的成败，进而影响着企业所生产商品的质量高低。质量控制是采购活动实施的重中之重。

商品质量主要由性能、寿命、安全性、稳定性4部分构成，具体内容如图6-1所示。

性能	寿命	安全性	稳定性
指商品为满足一定用途所具备的功能，它包括使用性能和外观性能两类	指商品可使用时间的长短	指商品在生产、运输、储存、使用过程中所带来的伤害或风险，以及可控和可以接受的程度	指商品在使用过程中所表现出来的比较稳定的性能，如速度、效率等

图 6-1　商品质量构成因素图

采购员应对采购商品进行分类处理，并判断各类商品的质量评价要素，具体如表6-1所示。

表 6 1　常见商品质量评价要素表

商品类别	质量评价要素
食品、饮料、烟类	等级、用途和成分等
纺织、皮革、木材制品类	股数、经纬纱数、原料、加工方式及程度、成品的单位重量、厚度、尺码大小、用途、色泽等
化学品类	成分、纯度、外表形状、重量、粉状粗细、等级、颜色、用途、生产方法以及反应时间等
基本金属类	含碳量、合金的相对成分、开头长度、厚度、内径、镀锌、涂漆、用途、冷轧或热轧、加工方式及程度、单位重量、拉力、用途规范标准等
一般金属制品类	原料、用途、尺码大小、外形等

商品类别	质量评价要素
机械设备类	用途、产量、形式、操作方式、动力、吨位、耗电量、主要部分的构造等
仪器类	用途、精密度、形式、操作方式及限度、构造等
非金属矿商品类	比重、可燃性、闪光点、纯度、用途、加工方式及程度、厚度、尺码大小等

（1）拟定商品质量控制标准

采购员同企业质量管理部门、生产部门、销售部门制定生产产品所要采购的各类商品的质量控制标准，并将这些质量控制标准形成文件。

采购员会同其他部门拟定商品质量控制标准后，报采购主管和采购经理进行审核、审批。采购主管和采购经理根据国家和行业的相关标准对拟定的商品质量控制标准进行审核，提出完善意见，总经理对商品质量控制标准进行最终审批，通过后予以执行。

（2）完善商品质量控制标准

商品质量控制标准是指导采购活动的参考性数据和文件，它的有效性、完善性以及可操作性直接决定了采购活动能否顺利进行。

因此，企业在制定了商品质量控制标准后，还要及时对其进行修改和完善。对商品质量控制标准进行修改和完善的情况包括以下两个方面。

① 根据国家相关商品的质量标准要求和行业质量标准要求进行修改和完善。

② 根据企业生产设备更新换代以及企业新商品的质量要求进行修改和完善。

6.1.2 采购过程质量控制步骤

为保证采购商品的质量，采购员在采购过程中要进行质量的控制工作，具体步骤如图 6-2 所示。

（1）审查供应商的质量体系

在审查供应商的质量体系时，要确定审查的时机和方式。

① 确定审查的时机。对供应商质量体系进行审查的情况包括以下两种。

a.新供应商要审查一次到几次，以后每半年或 1 年审查一次。

b.出现重大质量问题或近期经常被退货且又难以变更供应商时，必须对供应商进行一次质量体系审查。

审查供应商的质量体系	采购员需要定期对供应商的质量体系进行审查，确保供应商的交货质量
明确合同条款质量要求	在采购合同的条款中，应明确对采购商品的质量要求，明确所采购商品的名称、型号、规格、数量、价格、质量保证及技术要求
监督供应商的生产过程	采购员同供应商签订合同后，要对供应商的订单生产过程进行监督控制，确保供应商能够按照合同条款质量要求组织生产，并保证产品质量的稳定性
加强交货质量验收管理	采购员要及时接收各部门反馈的在使用过程中存在的质量问题，归纳整理后反馈给采购主管
处理商品质量售后问题	采购员发现商品质量问题时，要及时与供应商联络，进行商品的退换货处理

图 6-2 采购过程质量控制步骤图

② 确定审查方式。在对供应商的质量体系进行审查时，可聘请质量认证方面的专家定期对供应商实施审查，全面掌握供应商的综合能力，尤其是商品质量水平。发现供应商在质量控制体系中的薄弱环节，采购员应及时对供应商提出，并督促供应商及时完善。

审查方式主要包括三种，具体如表 6-2 所示。

表 6-2　供应商质量体系审查方式

审查方式	具体内容
通过独立的体系认证机构审查	通过当今流行的 ISO 9000、QS 9000 等独立的体系认证机构审查，如国内的 CQC 认证机构，国际的 BSI、SGS、DNV、TUV 等认证机构
通过第三方权威机构审查	通过第三方权威机构检验以确保质量。通过委托中间机构，帮助验证商品质量，避免商品到货之后再协商及处理。目前在国际上用得较多的机构有 SGS 和 TUV 等
通过商品单项认证审查	将商品送到指定的机构进行检验，同时获得相关的证书，如国内的 3C 认证、美国的 UL 认证、欧洲的 CE 认证等

（2）明确合同条款质量要求

质量保证条款应明确规定以下内容。

① 企业验证商品质量的方式、方法、地点，商品改进、改型以及验证结果的处理等。必要时安排用户到供应商处进行验证。

② 双方发生质量争端时的协调处理方式。

③ 供应商不合格品的处理方式。

④ "三包"服务承诺。

此外，对于技术性商品，还应当签订"技术服务协议书"，其涉及技术服务质量的条款内容有以下三项。

① 双方共同确认的图样、技术条件、商品标准和验收标准。

② 对新商品需签订"新商品开发技术协议书"和"知识产权保护协议书"。

③ 对于配套商品技术资料的发放、更改、回收等应按"技术文件和资料控制程序"有关条款进行控制。

（3）监督供应商的生产过程

采购员监督供应商的生产过程的方式有以下两种。

① 要求供应商提供相关的生产数据。

② 定期派人到供应商生产现场进行生产质量的监督，及时提出意见，同供应商沟通协调。

（4）加强交货质量验收管理

在交货质量验收方面，采购员要判断质量验收标准是否完善，通过正确的验收方法进行交货质量验收工作。

① 质量验收标准是否完善。

质量验收标准是针对商品验收过程所制定的质量管理条款，采购员在验收时要根据质量验收标准进行检验。完善的质量验收标准能避免因质量检验不到位而产生的质量问题。

质量验收标准一是简单以商品好坏为标准，二是在验收检查时的试验标准，前者常有限制，可因人而异，所以并不具体，后者则视抽样检验方法的不同而定，有时因供应商信用可靠，不经检验即可通过。

② 选择正确的质量验收方法。

对于一般商品而言，质量验收比较简单，而对于技术性能比较复杂的商品而言，需要根据商品的要求选择正确的验收方法，如有一些商品对检验的温度、湿度等存在要求，这就需要创造符合温度、湿度要求的检验环境。必要的时候，还要送专门实验室进行质量检验。

企业在对采购的商品进行质量验收时，对于一些国家或行业规定需要进行第三方检验的商品，应委托有资格的部门进行质量检验。商品质量检验委托单的格式如表 6-3 所示。

表 6-3　商品质量检验委托单

检验样品		希望完成日期		年　　月　　日	
目的		预定完成日期		年　　月　　日	
希望检验项目					
检验结果					
委托单位	主管	经办人	主管科长	品管员	完成日期
					年　　月　　日

③ 记录质量检验数据。

质量检验数据体现了质量检验的过程和结果，数据不完整可能导致检验无效，数据失真则可能带来质量隐患。

在保存质量检验数据时，应确保以往的数据资料完备，以备参考。

（5）处理商品质量售后问题

采购的商品存在质量问题的，采购员要立即联系供应商，对存在问题的商品进行判定，确定责任方，处理商品的退换货以及赔偿事宜。

6.2

控制采购价格

6.2.1　采购价格调查方法

商品采购价格的高低直接影响了商品的利润和采购绩效，采购价格是采购控制过程中的关键因素。

采购员在采购商品前，要了解商品的价格信息，通过不同的调查方法掌握价格范围，从而择优采购，节省采购成本。采购价格调查方法主要包括：市场调查法和询价调查法。

（1）市场调查法

市场调查法是采购员对需要采购商品的市场价格信息进行调查。下面是采购价格调查方案的范例，供采购员参考。

方案名称	采购价格调查方案	执行部门	
		监督部门	

一、目的

为了解企业所需商品的价格信息,协助采购员寻找最优的供应商,有效控制采购成本,开展采购活动,特制定本方案。

二、调查对象

1.企业生产所需商品的市场价格信息。

2.可替代商品的市场价格信息。

三、调查内容

调查的内容主要包括:

1.调查商品的市场价格,价格类型包括送达价、出厂价、现金价、期票价、净价、毛价、现货价、合约价、定价、实价。

2.调查商品的知名度、商品的性质、商品的销售量、供应商的规模、供应商的信用度等。

四、调查方式

本次调查采用互联网调查方式。

五、调查人员分工

1.采购员负责在互联网搜集符合采购条件的供应商,询问供应商商品价格信息,整理询问到的供应商资料。

2.采购经理负责审核采购员调查的商品价格信息。

六、实施采购价格调查

(一)寻找合适的供应商

时间:××××年××月××日至××××年××月××日。

采购员通过专门的采购网站或供应商网站寻找符合条件的供应商资料和联系方式,向供应商询问采购价格等相关信息。

(二)整理采购价格信息

××××年××月××日至××××年××月××日。

采购员将供应商提供的价格信息按照顺序进行排列,并注明供应商的规模、质量标准、知名度、生产能力等信息。

七、调查分析

采购员整理归类调查到的采购价格信息,并根据企业的实际情况选择专业的方法进行数据分析,根据分析结果提交不少于____份的调查分析报告,为采购经理的决策提供参考。

(2)询价调查法

询价调查法是指采购员向多家供应商发出"询价单",由供应商对"询价单"上所需商品进行报价,采购员将供应商反馈的"询价单"进行归纳整理,掌握所需商品的价格信息。询价调查法主要包括以下三个方面。

① 编制"询价单"。

完整详细的"询价单"，能够帮助供应商在最短的时间内提供正确的报价。完整的"询价单"如表6-4所示。

表6-4　询价单

商品名称	编号	规格说明	价格	数量	质量要求
报价须知	交货期限	☐ 需于_____年___月___日前交清 ☐ 订购后___天内交清			
	交货地点				
	付款方法	☐ 交货验收合格后付款　　　　　☐ 试用合格后付款			
	订购方法	☐ 分项订购　　　　　　　　　☐ 总金额为准			
报价期限	报价截止日期	请于_____年___月___日___时前寄回报价			
	报价保留时效	请保留报价有效期间至询价截止日期起___天以上			
报价地址		将报价单寄送至××企业或发送至××@××.com邮箱			

② 询价调查步骤。

使用询价调查应遵循一定的步骤标准，具体如图6-3所示。

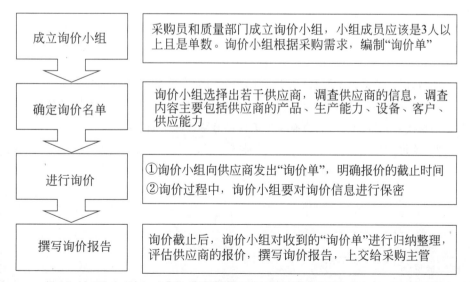

图6-3　询价调查步骤图

③ 编制询价报告。

询价报告的编写应遵照一定的文书格式，具体参照如下所示。

报告名称	询价报告	编　　号	
		受控状态	

一、询价概述

1. 为了解需求商品的市场价格信息，选择最优的供应商进行采购，降低采购成本，采购部于20××年××月对多家供应商发出了询价单，询问商品的价格信息。

询价单主要询问了商品名称、编号、规格说明、价格、数量、质量要求六项信息。

采购部共向＿＿＿家供应商发送了询价单，共有＿＿＿家供应商返回询价单，共有＿＿＿家供应商没有返回询价单。采购部于20××年××月至20××年××月根据供应商的供货情况和供货服务，对企业所有供应商进行绩效评估。

二、询价结果

此次采购价格询价结果如下所示。

询价汇总表

供应商名称	商品名称	编号	规格说明	价格	数量	质量要求
供应商 A	××商品	××××	××××	100 元	1 000	××××
供应商 B	××商品	××××	××××	150 元	2 000	××××
供应商 C	××商品	××××	××××	80 元	3 000	××××
供应商 D	××商品	××××	××××	105 元	4 000	××××

三、询价总结

1. 从询价结果及市场行情上看，类型或参数相同的商品在不同的企业有不同的市场价格，同一产品由于原材料、生产工序的不同，在价格上有很大的差别。

2. 供应商的知名度、销售市场也影响着采购价格，知名度高、市场占有率高的商品价格偏高，知名度低、市场占有率低的商品有降价的空间。

四、结论

经过对多种商品的综合比对，最终确定供应商为＿＿＿＿＿＿＿＿＿＿＿。

编写人员		指导人员	
主送部门		抄送部门	
报告意见			

6.2.2　供应商定价策略解读

供应商的商品价格由原材料成本决定，供应商采用什么样的定价策略，同供应商的商品特征、商品竞争力、发展战略、企业定位等密切相关。

采购员不仅要对供应商的商品成本进行了解，还需要通过各种媒介了解供应商的市场定位、竞争能力、发展战略以及企业文化等，并通过深入分析，掌握价格谈判中的主动权。一般来说，供应商常见定价策略有以下5种。

（1）折扣定价策略

价格折扣是指供应商为鼓励采购方及早付清货款、大量购买、淡季购买，会酌情降低基本价格。

价格折扣主要包括以下5种类型，具体如表6-5所示。

表6-5　价格折扣的5种类型

地区定价类型	具体内容
现金折扣	现金折扣是指供应商在采用赊销方式销售商品或提供劳务时，为鼓励采购商尽早付款，按协议给予的优惠方式
数量折扣	数量折扣是指当采购方的购买量达到一定数量时，供应商给予一定的价格优惠，其优惠幅度与所购买的数量大致成正比例关系
功能折扣	功能折扣是指由供应商提供给那些执行诸如销售、储存与记账等某些功能的渠道成员的价格减让
季节折扣	季节折扣是指为购买过季商品或服务的客户提供的一种折扣
价格折让	价格折让是指根据价目表给顾客以价格折扣，例如以旧换新折让的方法是在购买新商品时，交上一个旧商品

（2）地区定价策略

地区定价策略是指对于销售不同地区采购方的某种商品，是分别制定不同的价格，还是制定相同的价格。

地区定价的主要类型包括5种，具体如表6-6所示。

表6-6　地区定价的5种类型

地区定价类型	具体内容
原产地定价	采购方按照出厂价购买某种商品，供应商只负责将商品运到某种运输工具上，进行交货。交货后，从产地到目的地的一切风险和费用由采购方承担

地区定价类型	具体内容
统一交货定价	供应商对于销售给不同地区采购方的某种商品,都按照相同的出厂价加上相同的运费定价
分区定价	供应商将销售地区分为若干价格区,对于不同价格区的商品,分别制定不同的地区价格。距离供应商较远的价格区,价格定得较高。距离供应商较近的价格区,价格定得较低
基点定价	供应商选定某些城市作为基点,然后按一定的出厂价,加上从基点城市到采购方所在地的运费,作为定价
运费免收定价	供应商为了和某些地区的企业合作,承担全部或部分运费

（3）差别定价策略

差别定价是指供应商用两种或多种价格销售商品或服务,并且价格差异不以成本差异为基础。差别定价的主要类型有 4 种,具体如表 6-7 所示。

表 6-7 差别定价的 4 种类型

差别定价类型	具体内容
顾客差别定价	企业按照不同的价格把同一种商品或服务卖给不同的顾客
商品形式差别定价	企业对不同型号或形式的商品分别制定不同的价格
商品部位差别定价	企业对于处在不同位置的商品或服务分别制定不同的价格
销售时间差别定价	企业对于不同季节、不同时期的同一种商品或服务分别制定不同的价格

（4）新商品定价策略

新商品定价策略主要包括撇脂定价、渗透定价两种。

① 撇脂定价。

撇脂定价是指供应商在商品生命周期的最初阶段,把商品的价格定得很高,以获取最大利润。

② 渗透定价。

渗透定价是指供应商在商品生命周期的最初阶段,把商品的价格定得相对较低,以吸引大量顾客,提高市场占有率。

（5）商品组合定价策略

商品组合定价是指供应商根据不同商品之间的关系和市场表现进行的灵活定

价，对于互替商品，适当提高畅销品价格，降低滞销品价格，以扩大滞销品的销售，使两者销售相得益，增加企业总盈利。商品组合定价的主要类型有 4 种，具体如表 6-8 所示。

表 6-8　商品组合定价的 4 种类型

差别定价类型	具体内容
商品大类定价	当供应商生产的系列商品存在需求和成本的内在关联性时，为了充分发挥这种内在关联性的积极效应，需要采用商品大类定价策略
补充商品定价	供应商为主要商品制定较低的价格，而为附属商品制定较高的价格
分部定价	服务性企业经常收取一笔固定费用，再加上可变的使用费
商品系列定价	供应商经常以某一个价格出售一组商品，这一组商品的价格低于单独购买其中每一个商品的费用总和

6.2.3　采购底价确定方法

为确保采购价格合理，降低企业采购成本，采购员应规范采购底价确定工作。常用的采购底价确定方法包括以下 4 种，具体的分析原理如下所示，采购员可根据实际情况合理选择计算方法。

（1）成本法

采购员根据合理的商品材料成本、人工成本及作业方法，计算商品的采购底价。其计算公式如下：

① 采购底价＝总成本＋采购对象的预期利润。

② 总成本＝采购需求量×采购价格＋标准时间×（单位时间工资率＋单位时间费用率）×（1＋修正系数）

其中，用 P 代表商品的采购底价，用 X 表示采购需求量，用 Y 表示标准时间，Z 表示采购对象的预期利润，采购价格、单位时间工资率、单位时间费用率、修正系数分别用 a、b、c、d 来表示。采购底价计算公式表示为：$P = X \cdot a + Y \cdot (b+c) \cdot (1+d) + Z$。

（2）目标价格法

目标价格法是指从商品的卖价推算出采购商品的目标单价。目标价格法确定底价的步骤如下所示：

① 制定合适的目标价格。

② 确定合理的目标利润。

③ 全过程控制成本支出。

④ 根据目标价格和目标利润，推算出采购底价。

以下为目标价格法案例。

如目标价格定为 200 元，目标利润定为 30 元，扣除税金等其他成本费用控制在 80 元，则采购成本就必须控制在 90 元以内。根据商品采购成本组成，企业就可以计算出每种商品的采购底价。

（3）应用经验法

应用经验法是指由经验丰富的专家依靠经验或感觉算出价格。

根据市场调研情况制作采购成本分析测算表，通过成本分析测算，可以粗略测算出商品的成本、供应商的合理利润等。

当供应商报价远超出其合理利润时，可依据测算结果据理力争、讨价还价，将供应商报价控制在合理范围内，从而降低企业采购成本。

（4）实绩法

实绩法是指参考过去的实际购价，算出采购底价。采用实绩法计算采购底价，需要注意以下 3 点。

① 采购商品的名称、规格、型号是否与过去的采购订单完全一致。

② 与过去的采购时间相距较短，最长不宜超过两个月。

③ 采购规模的大小是否影响采购价格。

此方法适合于市场价格波动不明显、价格变化比较有规律的商品，对于市场价格变化波动较大的商品不适宜采用此方法制定采购底价。

6.3

控制采购交期

6.3.1　交货期限确定方法

采购交期是指从采购订货之日起到供应商送货之日止的这段时间。采购交期管理是采购的重点，加强采购交期控制，确保供应商按时交货，保证企业的生产经营活动顺利进行。

交货期限确定的方法有三种：事前规划法、事中控制法、事后评估法。具体如表 6-9 所示。

表 6-9　交货期限确定方法

确定方法	实施步骤
事前规划法	1. 制定合理的购运时间 采购部将请购、采购、供应商生产、运输及进料验收等作业所需的时间予以事先规划确定,作为各部门生产、销售的参照依据 2. 确定交货日期及批次 预先明确交期及批次,可视订单的大小和紧急程度采用分批交货的方式进行 3. 了解供应商的生产能力 了解供应商的设备状况及利用率,同时了解供应商的交期控制能力 4. 准备替代供应商 多方联系其他供应商,以确保商品供应不会中断
事中控制法	1. 提供帮助 向供应商提供必要的材料、模具、技术支援,适时了解供应商的困难,并协助处理 2. 及时沟通 ① 交期及数量的变更应及时联络与通知供应商,以保证商品符合企业需求,并维护双方的利益 ② 尽量避免规格变更,如果出现规格变更,应立即联络供应商,让其停止原规格生产,并商讨妥善的解决方案 3. 催促进度 ① 了解供应商生产效率及进度状况,必要时向供应商施加压力,督促生产进度 ② 加强交货前的催促工作,提醒供货商按时交货
事后评估法	1. 评估供应商表现 ① 将交期考核列为重要评估项目之一,督促供应商提高交期达成率 ② 按照供应商的考核结果与配合度,采购部考虑更换或淘汰交期不佳的供应商,或减少其订单 2. 分析问题原因并制定对策 对交期延迟的原因进行分析并研拟对策,确保重复问题不再发生 3. 执行奖惩 执行相关奖惩办法

6.3.2　备货进度掌控方法

（1）备货进度掌控

同供应商签订采购合同后,即确定了交货期限。作为采购员要及时同供应商沟通,了解其备货的具体进展,分析判断是否会出现交期延后或提前的情况。

供应商的备货时间包括商品准备的时间、工艺准备的时间、商品生产的时间以及商品运输的时间等。常见的备货进度掌控方法有：直接问询法、现场调查法、系统查询法，具体如表 6-10 所示。

表 6-10　备货进度掌控方法

掌控方法	具体实施
直接问询法	订单下达后,采购员要求供应商提供生产计划表或生产日程表,采购员根据对方提供的生产计划表或生产日程表,按时拨打电话或发传真掌握和催促供应商的备货进度
现场调查法	采购员到供应商处实地查看,并要求供应商提供目前订单生产的进度状况报告,根据供应商提供的报告情况,掌握并催促供应商的备货进度
系统查询法	订单下达后,采购员可通过操作系统查询供应商的备货状态,从而获知采购订单的进度。具体操作方法如下。 ① 进入供应商备货查询服务系统 ② 输入订单编号,点击查询

（2）备货进度跟催

当企业采购员发现供应商供货进度可能会影响正常的交货期限时，应采取以下措施进行应对。

① 要求供应商提供全面、精确的进度数据。

② 同供应商联系，确定准确的交货时间。

③ 同生产部门联系，了解是否可以选择其他商品进行替换。

④ 在不得已的情况下改变生产计划。

采购员在每周固定时间将要催促的订单整理好，打印成报表，统一定期跟催，进行商品的跟催，及时掌握供料状况，确保交期。"商品跟催表"样式如表 6-11 所示。

表 6-11　商品跟催表

填写日期：　　　年　　　月　　　日

商品名称	订购量	商品规格	订购数量	交货期限	供应商	说明

制表人：　　　　　　　　　　　　　　　　　　　　　　　审核人：

6.3.3 交期延误处理步骤

交期延误发生后，采购员应立即分析延误原因，主要从供应商、采购员以及双方的沟通等方面着手调查，确定交期延误责任方，根据不同的延误原因制定不同的策略，解决交期延误问题。交期延误处理应遵循一定的步骤，具体如图6-4所示。

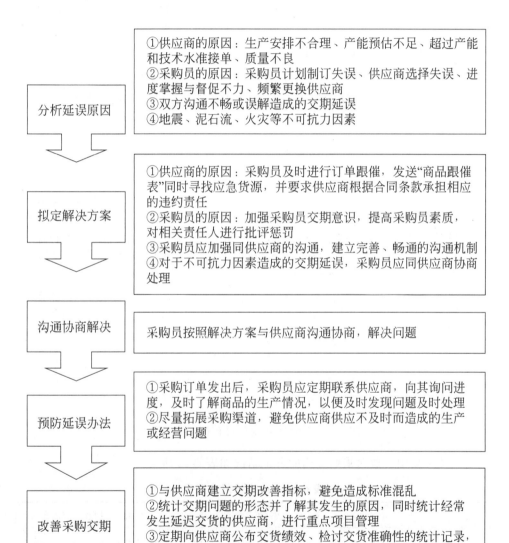

分析延误原因
①供应商的原因：生产安排不合理、产能预估不足、超过产能和技术水准接单、质量不良
②采购员的原因：采购员计划制订失误、供应商选择失误、进度掌握与督促不力、频繁更换供应商
③双方沟通不畅或误解造成的交期延误
④地震、泥石流、火灾等不可抗力因素

拟定解决方案
①供应商的原因：采购员及时进行订单跟催，发送"商品跟催表"同时寻找应急货源，并要求供应商根据合同条款承担相应的违约责任
②采购员的原因：加强采购员交期意识，提高采购员素质，对相关责任人进行批评惩罚
③采购员应加强同供应商的沟通，建立完善、畅通的沟通机制
④对于不可抗力因素造成的交期延误，采购员应同供应商协商处理

沟通协商解决
采购员按照解决方案与供应商沟通协商，解决问题

预防延误办法
①采购订单发出后，采购员应定期联系供应商，向其询问进度，及时了解商品的生产情况，以便及时发现问题及时处理
②尽量拓展采购渠道，避免供应商供应不及时而造成的生产或经营问题

改善采购交期
①与供应商建立交期改善指标，避免造成标准混乱
②统计交期问题的形态并了解其发生的原因，同时统计经常发生延迟交货的供应商，进行重点项目管理
③定期向供应商公布交货绩效、检讨交货准确性的统计记录，并与交货计划目标进行比较

图6-4 交期延误处理步骤图

6.4

控制采购成本

6.4.1 采购计划制订过程优化步骤

采购计划的制订，目的在于指导采购活动开展、规范采购行为以及节约采购成本。因此采购计划是否完善、合理、可行就直接决定了后期采购成本的高低。要保证采购计划的顺利进行，需要从以下 5 个方面进行衡量，具体步骤如图 6-5 所示。

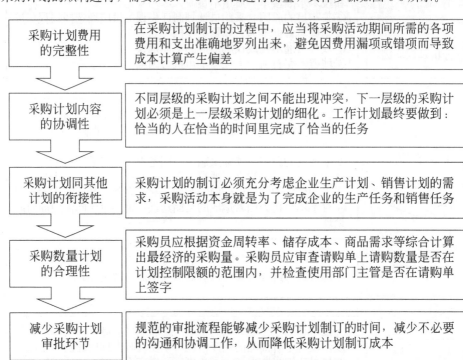

图 6-5　采购计划制订过程优化步骤图

采购计划中一般对采购费用的分配情况如表 6-12 所示。

表 6-12　采购费用分配表

商品名称	人工费分配			运杂费分配			仓储费分配			合计
	分配标准	分配率	金额	分配标准	分配率	金额	分配标准	分配率	金额	

6.4.2　采购过程成本控制管理步骤

为缩减企业采购成本，节约企业支出，应对采购过程中产生的成本进行控制，具体管理步骤参照图 6-6 所示。

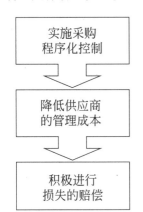

实施采购程序化控制	采购员在采购过程中，要明确采购环节之间是如何衔接的，明确各环节采购员的任务分配、职责，加强对采购过程的监督
降低供应商的管理成本	采购员同供应商之间要信息互通、信息共享，并建立长期的战略合作伙伴关系，减少供应商方面的管理费用
积极进行损失的赔偿	由于供应商原因引起的采购失败或出现的采购延误，采购员要同供应商进行协商，协商不成则交由法院处理，以减少采购损失

图 6-6　采购过程成本管理步骤图

在降低供应商成本的过程中，采购员要做到以下三点。

（1）实现供应商管理的信息化

对供应商的开发、选择、评价和维护是采购业务的重要组成部分，实现供应商管理的信息化，就是在供应商管理的各个环节中都建立供应商信息库，并及时对信息库进行更新和维护，这就能保证同一信息在多次采购活动中的重复使用，从而能够大幅降低供应商管理的费用及其他成本支出。

（2）核算供应商生产成本

对企业生产所需的一些特殊商品，在市场上不易找到类似价格比较，不易掌握其价格，这就需要运用成本核算方法，对供应商生产的材料成本进行核算与评估，通过核算与评估，掌握一个价格范围后再与供应商洽谈，确保所购材料价格的合理性。

（3）建立同供应商的长期合作关系

开发和选择供应商时就应当考虑建立长期、稳定的合作关系，从而节约采购洽谈、合同签订等方面的成本，减少企业在采购方面的开支。

6.4.3　低成本采购策略实施管理办法

采购成本的高低与采购次数、采购批量大小、采购进价直接相关。在买方市场环境下，商品货源充足，企业购进材料应尽量采取零库存或低库存管理模式，按经济订货量模型测算最佳采购次数、采购时间与采购批量，制定最优采购策略，获得最佳采购效益。

办法名称	低成本采购策略实施管理办法		受控状态	
			编　　号	
执行部门		监督部门	编修部门	

第 1 章　总则

第 1 条　目的。

为了控制企业采购成本，实现采购工作的降本增效，提高企业经济效益，结合企业的实际情况，特制定本办法。

第 2 条　适用范围。

本办法适用于企业采购过程中实施低成本采购策略工作的管理。

第 3 条　管理职责。

1. 采购部负责制定低成本采购策略。

2. 采购员按照低成本采购策略执行。

第 2 章　实施 ABC 采购策略

实施 ABC 采购策略，对不同类别的商品分别进行采购，控制采购成本。

第 4 条　A、B、C 三类商品区分。采购员根据采购商品的重要程度将其分成 A 类、B 类和 C 类，ABC 采购策略的主要内容如下所示。

1. A 类：商品的价格最贵，商品价值占全部商品价值的 70％～75％，但商品数量仅占总数的 5％～10％，A 类商品对企业的生产经营活动至关重要。

2. B 类：商品数量占全部商品总数的 20％左右，商品价值约占到总量的 20％。

3. C 类：商品数量占全部商品总数的 70％～80％，但商品价值仅占总数的 5％～10％，该类商品的库存量大，但对其的管理可以简单化，比如一年采购两次。

第 5 条　A 类商品控制。

1. 交货期。A 类商品不允许延误交货。

2. 优先级。A 类商品享有最高优先级。

3. 采购控制。严格控制 A 类商品，签订严格的合同，监督 A 类商品的购买。

4. 采购记录。A 类商品要严格、完整地记录，并且要实时更新。

5. 对外关系。与 A 类商品的供应商、潜在供应商之间建立战略合作伙伴关系，必须把生产进度与采购进度、供应商的生产能力联系起来考虑，及时满足生产的需要。

第 6 条　B 类商品控制。

1. 交货期。B 类商品正常交货。

2. 优先级。B 类商品正常处理，只在特殊时期享有最高优先级。

3. 采购控制。正常控制 B 类商品。

4. 采购记录。正常记录 B 类商品采购，按照批次进行更新处理。

5. 对外关系。与 B 类商品的供应商之间保持密切的联系。

第 7 条　C 类商品控制。

1. 交货期。不影响企业生产的情况下，且存在正当延误理由的，允许 C 类商品延迟交货。

2.优先级。C 类商品享有最低的优先级。

3.采购控制。简单控制 C 类商品的采购。

4.采购记录。简单地记录、更新 C 类商品采购。

5.对外关系。调查市场上 C 类商品供应商的基本情况,选择合适的供应商作为供货源。

第3章　实施定量采购方式

实施定量采购策略,按批量进行采购,可获得价格优势,降低采购成本。

第 8 条　条件确认。

1.采购员通过一段时期商品需求和供应情况的跟踪与分析,掌握商品采购活动特点。

2.采购员对合格供应商进行背景调查和信息收集。

第 9 条　数值设定。

1.生产部、仓储部向采购部提供商品需求计划和仓储管理数据。

2.采购员根据用料计划、库存成本,以及供应商报价水平和服务情况等信息计算订货点和经济订货批量。

第 10 条　日常管理。

1.仓储人员日常进行不定期的库存清点,如商品下降到订货点,应立即向采购员发出订货量为经济订货批量的订单。

2.生产人员应严格执行生产计划,确保商品的需求和供应处于平衡状态,并加强对质量的检验和控制,如有意外情况应及时向采购员反馈。

第 11 条　执行采购。

采购员在接到订单后,应与供应商沟通联系,签订采购合同,并跟进供应商的合同履行情况,监督供应商的生产进度,确保供应商按期交货。

第4章　实施定期采购方式

实施定期采购策略,按周期进行采购,节省人力物力,降低采购成本。

第 12 条　确定订货周期。

1.采购员负责收集历史采购数据、供应商的供货信息、供应商生产周期等资料。

2.订货周期可以按月、季、年等设置,或可以按工厂的生产周期、供应周期等因素设置,也可以借用经济订货批量的计算公式确定使库存成本最有利的订货周期。

第 13 条　确定最高库存水平。

1.采购员负责确定最高库存水平。

2.最高库存水平包括两部分:一部分是订货周期加提前期内的平均需求量;另一部分是根据服务水平保证供货概率的保险储备量。

第 14 条　定期检查库存。

仓储人员按照既定的时间周期进行库存盘点,并记录盘点数量,仓储人员向采购部提出采购申请。

第 15 条　发出订单。

采购员依据最高库存水平以及实际库存量,可得到每次检查库存后提出的订购批量,然后向供应商发出采购订单。

第 16 条　后期跟进。

1.采购员与供应商进行谈判和签订合同。

2.采购部、仓储部及相关部门对供应商合同履行情况进行监督和评价。

第 5 章　附则

第 17 条　编制单位。

本办法由×××部负责编制、解释与修订。

第 18 条　生效时间。

本办法自××××年××月××日起生效。

编制日期		审核日期		批准日期	
修改标记		修改处数		修改日期	

6.4.4　采购员日常管理细则

为进一步提高采购员的自身素质，提升采购员的职业道德水平，完善采购员的日常管理工作，需要制定采购员的日常管理细则。

细则名称	采购员日常管理细则		受控状态	
			编　　号	
执行部门		监督部门	编修部门	

第 1 章　总则

第 1 条　目的。

为规范采购员的行为和日常采购业务,提高采购员工作效率与采购水平,树立和维护企业的良好形象,特制定本细则。

第 2 条　适用范围。

本制度适用于采购部所有员工工作的管理。

第 3 条　管理职责。

1.采购经理负责采购员日常管理细则的审批和决策。

2.采购主管负责监督日常管理细则的执行,并对采购员的日常工作进行评价。

3.采购员负责执行并遵守日常管理细则。

第 2 章　明晰采购人员权责

第 4 条　采购价格。

采购员应在采购商品中为企业获得尽可能优惠的条件,并在可控制范围内获得当时质量最好的商品、最优的价格和服务。

第 5 条　采购审批。

1.相关需求部门需要采购商品时,需向采购部提交商品请购单。

2.采购员将商品请购单报相关的审批权限人审批通过后进行采购。

第 6 条　供应商的选择。

1.采购员在进行供应商选择时，应秉持公平、公正的原则，严格按照采购流程和相关制度规范进行选择。

2.采购员应遵守回避原则与主动申报原则，当与供应商任何员工或其亲属有私人利益关系时，应主动申报，并做到以下三点。

(1)不得以任何方式牺牲企业利益为供应商谋取利益。

(2)不得主动介绍或推荐关联供应商及其商品或以任何方式为供应商推销。

(3)不得接受关联供应商的委托为其进行任何接洽或会谈。

第 7 条　询价程序。

1.商品采购必须对三家以上供应商进行询价。

2.采购员需在权衡质量、价格、交货时间、售后服务、资信、客户群等因素的基础上进行综合评估，并与供应商进一步议定最终价格，临时性应急购买的商品除外。

3.采购谈判的参与人员不得少于两人，禁止与供应商单独接触。

第 8 条　采购合同。

对于采购合同中的采购价格和其他相关合同条款，采购员需调研汇总各方意见，并经采购主管、法律顾问审核、采购经理审批通过后，方能签订。

第 9 条　商品验收。

至少 2 位商品检验人员参与商品的型号、质量、数量、交货期等验收工作，并出具共同签署的商品合格或不合格的文件。

第 10 条　采购变更。

采购过程中发生变化时，需求部门应出具采购变更申请，由主管领导签字确认后交采购部执行。

第 11 条　审计监督。

1.采购员要自觉接受审计及针对采购活动的监督和质询。

2.对于采购员在采购过程发生的违反采购制度的行为，将按企业有关制度处理。

第 12 条　采购信息保密。

1.所有采购员需保守企业的各种采购资料，机密文件和资料不得擅自复印，未经特许不得带出企业。

2.采购员应在被授权的范围内获得采购信息，需对获取的所有采购信息承担保密责任。

3.对于采购活动中获取的供应商评估资料、商品状况及报价等信息均负有保密责任，不得在工作以外使用。

第 3 章　日常行为规范

第 13 条　日常工作态度。

1.采购员需恪尽职守，勤奋工作，高质量地完成工作任务。

2.采购员应保持良好的工作状态，认真接受领导的指示和命令，对别人的提醒、忠告和批评应虚心接受。

第 14 条　日常学习态度。

1.采购员需主动学习业务知识,积极地钻研业务,提高自身的工作技能。

2.采购员应保持积极的学习态度,尽可能广泛掌握与采购业务相关的知识及信息。

第 15 条　日常办公纪律。

1.采购员在企业正常上班期间不得做与自己工作无关的事情。

(1)不得浏览娱乐、购物等非工作相关网站、网页,更不得在上班时间网上购物。

(2)办公期间不得闲聊天,更不得互相之间传闲话,挑拨是非。

(3)严禁员工间议论工作、业务之外的事情。

2.公私分明,相互尊重,诚恳相处,协力完成工作。

第 16 条　接打电话要求。

1.接电话时,响铃不要超过三声,应答时需运用礼貌用语。

2.员工如不在位置上,周围的员工代接电话应答时,应先自报姓名,应答或转接电话,一定要尽力帮助对方。

3.办公期间不得随意接打私人电话,接听个人电话应尽快处理。

第 4 章　杜绝业务违规操作

采购活动中的违规运作主要表现为采购员利用职务之便在采购活动中同供应商勾结,通过"收回扣"的方式损公肥私,使企业的利益受到损失。杜绝采购员的违规业务运作可以采取以下三个方面的措施。

第 17 条　招聘职业素质高的采购员。

企业可以从外部约束机制上对采购员的行为加以约束,但这也需要成本支出,因此招聘职业素质高、自律性强的采购员是防止采购活动出现违规操作的根本措施。

第 18 条　确定合理的采购员薪酬水平。

合理的采购员的薪酬水平和绩效考核机制能够有效降低采购员因为薪酬水平低而索取回扣现象的发生。

第 19 条　加大对采购员违规操作的惩罚力度。

加大采购员违规操作、"收回扣"的惩罚力度,提高了采购员的违规操作成本,从而减少违规操作,降低采购成本。

第 5 章　附则

第 20 条　编制单位。

本细则由×××负责编制、解释与修订。

第 21 条　生效时间。

本细则自××××年××月××日起生效。

编制日期		审核日期		批准日期	
修改标记		修改处数		修改日期	

第 **7** 章

采购信息化管理

7.1

评估采购管理信息化方案

7.1.1 采购信息收集保存方案

采购信息是采购决策的基本依据，采购活动中所有的功能领域和工作环节都需要获取大量的、纷繁复杂的内外部采购信息。因此，采购员应全面收集采购信息，掌握采购信息的分类，并按照类别进行采购信息保存。

方案名称	采购信息收集保存方案	编　　号	
		受控状态	

一、目的

为向采购活动提供有效的采购数据支持，规范采购行为，提高采购信息收集与保存的工作效率，结合企业的实际情况，特制定本方案。

二、适用范围

本方案适用于采购员开展采购信息收集、整理、分析、保存管理相关工作。

三、采购信息收集

（一）采购信息收集对象

1.已合作供应商信息，包括供应商的基本信息、合同信息、订单执行信息等。

2.备选供应商信息，包括备选供应商的基本信息。

3.采购竞争对手信息，包括竞争对手的商品、生产经营、供应商信息。

4.政策及行业信息，收集最新的采购政策、法律法规和行业消息。

（二）采购信息收集方法

采购信息的收集方法主要有网络收集法、媒体收集法和调查收集法3种。

（三）采购信息收集分工

1.采购员负责收集各种采购信息，对收集的信息进行甄别，去除重复、虚假的信息，分析信息的实用性。

2.采购主管负责审核采购员收集到的信息。

（四）采购信息收集实施

采购信息收集主要分三个阶段进行。

1.准备阶段

时间：××××年××月××日至××××年××月××日。

（1）采购员选择采购信息收集的方法，确定信息收集的时间。

（2）采购员确定采购信息收集的范围。

2.实施阶段

（1）网络收集法。采购员可通过直接访问与企业采购有密切联系的供应商网站、竞争对手网站、采购专业网站、国家官方网站和各类电子商务网站收集采购信息。

时间：××××年××月××日至××××年××月××日。

（2）媒体收集法。采购员可利用展销会、博览会、报刊、电视、广播等媒体收集采购信息。

时间：××××年××月××日至××××年××月××日。

（3）调查收集法。采购员可通过商务调查的方法收集采购信息。

时间：××××年××月××日至××××年××月××日。

3.整理阶段

时间：××××年××月××日至××××年××月××日。

采购员对收集到的信息进行分析和整理，剔除虚假、夸大、无用的信息，提取关键信息和有用信息，将信息汇总，提交采购主管审核。

四、采购信息保存

（一）采购信息保存对象

采购员要保存从各个渠道收集的采购信息。

（二）采购信息保存分工

采购员负责将收集的采购信息进行保存。

（三）采购信息保存实施

1.对于网络收集的采购信息

采购员在网络上搜索到有价值的信息后应及时进行保存，具体操作如下。

① 选定需要保存的网页，点击保存网页，点击后可选择保存的路径，也可重新给文件取名，点击保存按钮后，将文件保存到指定位置。

② 对于有价值或需要经常浏览的网页可以放入收藏夹内，方便下次浏览。

2.保存媒体收集的采购信息

在展销会、博览会、报刊、电视、广播上获得的有价值的采购信息，采购员可整理成书面材料对其进行保存。

3.保存调查收集的采购信息

通过调查收集法收集的采购信息，采购员可通过分析、整理、编制调研报告的形式保存所有相关的采购信息。

（四）采购信息存档保存

1.建档

采购员建立采购信息档案时可采用以下两种方式。

① 按照采购信息类别进行编号建档。

② 按照采购信息收集时间顺序建档。

2.保存

① 对于采购信息以纸质材料形式进行保存的，采购员要做好纸质材料的防潮、防虫等保管工作。如果有条件，可采用计算机软件管理系统对采购信息进行管理，同时将相关数据资料扫描后转换成电子版资料保存在电脑中，以便随时查阅。

② 对于采购信息以电子媒介形式进行保存的，采购员要做好电子档案的备份工作和保密工作，要防止网络泄密和互联网攻击。

执行部门		监督部门		编修部门	
执行责任人		监督责任人		编修责任人	

7.1.2 编制采购信息分析报告

采购信息的分析依赖于采购业务的流程分析，采购流程因采购的来源、方式及对象的不同，在作业细节上存在着差异，但基本的流程大致相同，具体如图7-1所示。

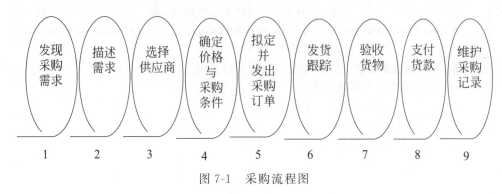

图 7-1　采购流程图

根据采购业务流程，采购信息流分为企业内部或外部流向采购部门的信息流和采购部门流向企业其他部门的信息流。

（1）采购流入信息分析

采购流入信息是指从企业内部或外部流向采购部门的信息。企业内部流向采购部门的信息主要有内部采购计划、销售预测、财务计划、会计信息、法律信息、生产和生产控制部门提供的信息、库存控制信息、质量控制验收信息、工程技术信息及新产品信息等，具体说明如表7-1所示。

表 7-1　企业内部流向采购部门的信息

信息种类	说明
内部采购计划	内部采购计划可以让采购部门了解企业对产品、设备及服务的长期要求，可以对采购部门的未来建设需要和比较紧张的或是日益减少的原材料、部件的工艺进行有计划的准备
销售预测	良好的销售预测有利于采购部门规划战略部署，在市场状况和企业需求之间取得最佳平衡
财务计划	计划部门、销售预测部门和预算部门所提供的信息可以使采购部门注意到财务控制职能方面的限制因素。这类因素不仅影响采购系统的运营费用，而且影响采购部门采取按需采购以外的其他库存政策
会计信息	会计部门提供的信息包括对供应商的货款支付、自制或者外购决策的成本以及实际开支和预算的对比等

信息种类	说明
法律信息	法务部门提供的合同和采购程序等相关信息
生产和生产控制部门提供的信息	生产部门提供的是关于商品质量要求方面的信息;生产控制部门提供的是关于一个生产周期覆盖时间内商品需求的项目和数量。这些信息经过整理、分析后可以成为采购部门规划采购信息的来源
库存控制信息	提供在既定时间内需要采购或者订购的商品名称信息。在既定时间内控制库存的政策决定了经济批量的采购,而库存政策又受到企业的财务资源、未来规划、当前市场状况和商品采购间隔期等因素的影响
质量控制验收信息	提供关于供应商供货方面的信息,如供应商是否能按质、按量地供应商品
工程技术信息	技术部门主要负责提供商品信息需求和具体需求数量方面的信息
新产品信息	新产品对于企业在市场竞争中获胜有巨大的帮助,但要求采购部门在新产品的环节中发挥作用,有关新产品的信息就要在项目开始时传达到采购部门

企业外部流向采购部门的信息主要有市场总体情况、供应源、供应商能力、税费信息、送货服务信息及新产品信息等,具体说明如表 7-2 所示。

表 7-2　企业外部流向采购部门的信息

信息种类	说明
市场总体情况	包括出版的刊物和提供的服务、供应商的报价、供求因素及竞争者等相关方面的信息
供应源	包括供应商的销售人员、各种广告媒体、营业推广、展会等方面的信息
供应商能力	主要为供应商供货能力、业内劳动力状况等
税费信息	包括价格、折扣、关税、增值税等各种消费税信息
送货服务信息	主要为送货方式及周期、可利用性及费率对价格的影响
新产品信息	包括新产品制作周期、所需材料等信息

（2）采购流出信息分析

采购流出信息是指从采购部门流向企业其他部门的信息。

在企业内部,采购部门信息主要流向企业高层管理者、生产技术部门、产品开发部门、市场营销部门、仓储部门、财务部门等，具体的信息流出内容如图7-2所示。

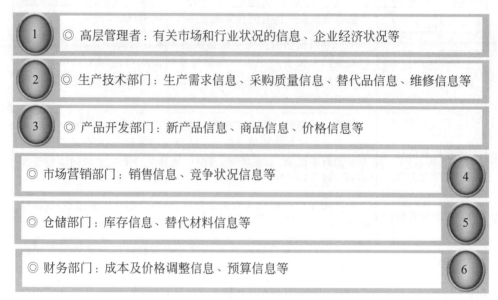

图 7-2　采购部流向企业其他部门的信息

（3）编制采购信息分析报告

采购信息分析报告是对采购信息经过深入细致的分析后，将收集到的信息加以系统整理，分析研究，以书面形式向组织和领导汇报调查情况的一种文书。采购信息分析报告是采购信息分析的结果，也是采购管理信息系统设计的基础。

采购信息分析报告一般由标题和正文两部分组成。

① 标题。标题一般为"发文主题"加"文种"的格式，如"××关于××的采购信息分析报告""关于××的采购信息分析报告""××采购信息分析报告"等。

② 正文。正文一般分前言、主体、结尾 3 部分，具体的内容如表 7-3 所示。

表 7-3　正文内容表

正文内容	具体描述
前言	① 写明调查的起因或目的、时间和地点、对象或范围、经过与方法，以及人员组成等调查本身的情况，从中引出中心问题或基本结论来 ② 写明调查对象的历史背景、大致发展经过、现实状况、主要成绩、突出问题等基本情况，进而提出中心问题或主要观点 ③ 开门见山，直接概括出调查的结果，如肯定做法、指出问题、提示影响、说明中心内容

正文内容	具体描述
主体	① 详述采购信息分析的基本情况、做法、经验,以及分析信息得出的各种具体认识、观点和基本结论 ② 采购信息分析报告的内容一般应包括与采购决策和采购绩效有关的、与供应商有关的、与财务有关的、与销售有关的、与库存有关的、与运输有关的、与质量管理有关的、与产品开发有关的、与市场分析有关的内容中的一项或多项
结尾	可提出解决问题的方法、对策或下一步改进工作的建议,或总结全文的主要观点,进一步深化主题,或提出问题,引发进一步思考,或展望前景,发出鼓舞和号召

7.1.3 采购管理信息化方案论证办法

在当前组织内外的具体条件下，需要确认系统开发工作是否具备采购管理信息化必要的资源和条件，因此需要制定采购管理信息化方案论证办法。

办法名称	采购管理信息化方案论证办法		受控状态	
			编　号	
执行部门		监督部门	编修部门	

第1章　总则

第1条　目的。

为了论证采购管理信息化方案的可行性,推进采购管理的信息化建设,加强采购信息化管理,结合企业实际情况,特制定本办法。

第2条　适用范围。

本办法适用于论证采购管理信息化方案可行性工作的管理。

第3条　管理职责。

1.采购经理负责企业采购管理信息化方案论证的领导工作。

2.采购员负责企业采购管理信息化方案论证的执行工作。

第2章　采购管理信息化方案论证内容

第4条　论证目标和方案的可行性。

采购员要论证目标是否明确,方案是否切实可行,是否满足组织进一步发展的要求等。

第5条　论证技术可行性。

1.论证人员和技术力量可行性。

采购员要论证技术人员数量是否足够,其技术和开发能力如何,有无系统开发的可行性,如企业缺乏相关人员,有无与外部单位合作开发的可能性。

2.论证基础管理技术可行性。

采购员要论证现有的管理基础、管理技术、统计手段等能否满足新系统开发的要求。

3.论证组织系统开发方案可行性。

采购员要论证组织人力、财力、物力、技术力量并进行实施的技术可行性。

4.论证计算机硬件可行性。

采购员要论证计算机内存、功能、联网能力、安全保护设施、输入输出设备、外存储器和数据通信设备的配置、功能、效率等能否满足系统开发的需要等。

5.论证计算机软件可行性。

采购员要论证操作系统、编译系统、数据库管理系统等配置及功能是否满足系统开发的要求,是否有自己编制程序的能力或软件外包的能力,软件系统是否安全可靠等。

第6条 论证经济可行性。

采购员要估计新系统开发所需费用和将来运行、维护的费用,系统组建后可能带来的经济效益。

第7条 论证运营可行性。

采购员要评价新系统运行的可能性和进行人员培训补充计划的可能性。

第8条 论证社会可行性。

采购员要研究由于某些特殊原因能否给系统提供运行所必需的条件,系统实施后是否会给组织带来工作方式、管理模式、工作范围等方面的影响。

第3章 论证总的采购管理信息化方案

第9条 总的采购管理信息化方案。

在业务模块设计上,采购管理系统应涵盖组织结构管理、供应商目录管理、产品目录管理、采购计划管理、采购过程管理、合同执行管理、采购效果分析、决策支持系统、采购成本管理系统等多个模块。

在采购方式设计上,采购管理系统应涵盖招标采购、竞价采购、谈判采购、直接采购等多种方式。

第4章 论证具体的采购管理信息化方案

第10条 论证组织结构管理。

采购管理系统的组织结构管理模块的主要功能应包括以下4个方面内容。

1.可以实现集团化结构管理,包括对下属子单位、部门的管理。

2.可以实现基本结构管理,包括对部门、职务、项目团队等的管理。

3.可以实现对外部供应商的管理。

4.可以实现对专家资源的管理。

第11条 论证供应商目录管理。

供应商目录管理模块应提供比较实用的统计分析支持,能够帮助采购员很好地预测市场前景与交易风险,调整采购策略。供应商目录管理模块主要功能应包括以下2个方面内容。

1.实现由供应商动态维护企业内部信息和产品信息。

供应商登录系统能够维护企业基本信息,在供应商权限范围内,产品目录动态更新自己的产品信息,包括新增产品种类、更新产品基本信息描述、更新产品价格、更新产品库存、更新生产能力及目前剩余生产能力、更新产品信息的有效期。

2.实现采购员对供应商的资信评估。

采购员能够对供应商在一段时期内的供货质量、价格、交期、服务、可持续性的改进等各方面进行综合全面的统计和评估,实现对合作伙伴的动态管理。

第12条 论证产品目录管理。

产品目录管理模块应提供目录设置和动态更新功能,能够帮助客户实时更新产品目录。产品目录管理模块主要功能应包括以下4个方面。

1.采购员可设定企业的产品目录,定制产品目录下的产品信息数据视图,如产品名称、产品编码及价格等。

2.采购员可以设定产品目录发布管理流程,严格控制入市产品目录的准确性。

3.采购员可设定产品目录浏览操作权限,即可以设定浏览操作某产品目录的供应商或者供应商群组,未设定权限的供应商将不能查看该产品目录,设定权限的供应商可查看符合相应权限标准的产品目录。

4.对于经常采购的产品,系统会自动形成快捷目录,提高后续采购的工作效率。

第13条 论证采购计划管理。

采购计划管理模块应能够帮助客户实现采购计划编制、采购计划管理及请购管理等。可以应用工作流技术自行设定计划编制流程与计划产品分类请购流程。同时,可自定义计划外产品请购管理流程,严格规范企业额外采购。

采购计划管理模块主要功能应包括以下4个方面。

1.采购员能实现年度、半年度、季度、月度采购计划的编制,并能随时调整采购计划。

2.采购员可实现对不同产品目录或不同产品的请购管理。

3.采购员可以实现对经常性请购产品与定期请购产品的方便管理。对于经常性请购产品,可以形成请购模板;对于定期请购,系统会在设定时间自动发送请购申请。

4.用户可以实现对计划外的额外采购规范管理。

第14条 论证采购过程管理。

采购管理系统应提供4种主要采购方式:招标采购、竞价采购、谈判采购和直接采购。

1.招标采购方式模块的功能。

招标采购方式模块的内容主要包括基于业务流程中的节点操作权限管理和审批权限管理,应确保业务项目的信息保密工作,其主要功能有以下4个。

① 采购员可以自由定制适合自身不同产品的招标流程,涵盖项目立项、招标文件编制、招标公告发布、开标前准备等环节。

② 可实现供应商在线投标功能,供应商可在线递交加密后的投标文件。

③ 可以实现在线开标功能。到开标时间后,供应商可通过上传密钥文件对投标文件进行解密。在开标大厅中,采购员与投标商均可以在线发言,系统将自动备案发言记录。

④ 可以实现在线评标定标功能。采购方可上传评标文件规范,选择评标模板,可以在线监控远程客户端所有评标专家的评标情况,可以在线发布中标通知。

2.竞价采购方式模块的功能。

竞价采购方式模块的内容主要是提供采购的拍卖模式。同时,竞价采购方式模块应提供基于"竞价大厅"的文字化实时竞价记录,为供应商营造良好的竞价氛围,其主要功能有以下5个。

① 采购员可自主设定交易产品的产品属性和属性值。

② 采购员可自主设定竞价规则,包括竞价延期规则、信息披露规则、加权规则等,促使供应商之间竞争更加激烈充分,从而购买到性价比最优的产品。

③ 采购员可自主设定商业规则,包括保证金规则、样品规则、交货付款规则等。

④ 供应商可以申请竞价,允许竞价的供应商可以实时报价,并能实时查看其他供应商的报价情况。

⑤ 提供模板功能。对于已经建立的交易产品和交易方式,可以建立交易产品模板和交易方式模板。

3. 谈判采购方式模块的功能。

谈判采购方式模块的主要内容是可以将谈判关系要素列入谈判对象,明确谈判截止期,与供应商进行网上谈判,其主要功能有以下5个。

① 采购员可定制谈判对象。谈判对象可为商务谈判,如针对价格、质量保证、售后服务、交货付款等的谈判。同时,谈判对象也可为商务技术谈判,在技术谈判内容如技术指标、技术性能等确定后,再进行商务谈判。

② 采购员可定制谈判方式。可为一对一谈判,也可为一对多谈判。

③ 采购员可与供应商进行谈判。谈判截止期前的任何时间,相关人员均可以查看谈判记录、提交谈判信息。

④ 采购员可查看谈判历史记录。谈判结束后,谈判记录分类保留,相关人员可以查看。

⑤ 支持语音谈判和视频谈判。

4. 直接采购方式模块的功能。

直接采购方式模块的主要内容是基于供应商目录和产品目录的资源支持,可以直接采购市场价格透明的产品,其主要功能有以下5个。

① 可设置内部采购员相关产品目录浏览操作权限。

② 可设置不同产品目录或不同产品直接采购业务流程。

③ 可设置不同产品目录或不同产品直接采购业务关联的合同模块。

④ 用户可以在线提交订单。

⑤ 供应商可以在线确认订单。

第15条 论证合同执行管理。

合同执行管理模块应能够实现在线合同签订、合同管理、合同执行状态跟踪和电子支付等。合同执行管理模块应提供广泛的电子支付方式。

合同执行管理模块主要功能应包括以下5个方面。

① 可实现合同模板功能。可以针对产品目录或经常性采购商品,制作合同模板。

② 可自定义在线合同签订管理流程,关联不同合同模板。

③ 可自定义对合同商品的发货、收货、入库、退货等环节跟踪流程,监控合同执行状态。

④ 可实现合同分类状态管理。

⑤ 可自定义付款流程,实现电子支付。可运用工作流技术建立适合自身业务情况的支付流程,包括支付额度、审批权限等,提高采购活动的效率与质量。

第 16 条　论证采购效果分析。

采购效果分析模块主要用来帮助采购部评估业务项目的采购效果,包括项目最终成本和项目质量、供应商合同履行质量、采购员绩效等。

采购员可以自行设定评估模型,同时也可以应用工作流技术自行制定评估流程。评估时使用的数据可为业务流程中的项目数据、生产过程中的反馈数据和采购成本管理系统数据。

采购效果分析模块主要功能应包括以下 3 个方面。

① 分析采购项目成本,评估项目采购质量。可以依据采购项目最终成本和项目预算成本情况,分析项目费用执行情况。可以结合采购周期、采购物品质量等因素评估项目整体采购质量。

② 评估项目供应商质量。可以结合交易价格、合同履行等情况综合评估项目供应商质量。

③ 评估项目采购员绩效。可以结合采购最终成本、采购周期及采购执行等情况评估采购员完成采购项目的绩效情况。

第 17 条　论证决策支持系统。

决策支持系统应具备统计查询功能,为采购决策提供依据。采购员可根据业务需要自行设置多种统计查询模板,有相关权限人员可以使用统计查询模板实现对采购项目所关注信息的统计查询功能。同时提供统计查询信息打印功能。

第 18 条　论证采购成本管理系统。

采购成本管理系统贯穿了采购业务的全过程,其工作流技术的运用以严格规范财务用款申请和报销程序作为技术支持。

采购成本管理系统主要功能应包括以下 7 个方面。

① 采购员可自行设定财务费用种类,如会议费、差旅费等。

② 采购员可进行年/季/月度采购成本预算和产品采购成本预算。

③ 采购员可自行设置用款申请审批流程。针对单笔采购,采购员提出用款申请,经批复同意后方可正式启动采购项目。

④ 采购员可自行设置费用报销审批流程。采购过程中采购员提请费用报销,需经审批,财务才可予以报销。

⑤ 采购员可以进行项目成本决算,包括项目交易成本、采购过程发生成本,如人力投入、报销费用等。

⑥ 采购员可以进行年/季/月度采购成本决算和产品采购成本决算。

⑦ 采购员可以统计各种财务费用发生明细。

第 5 章　附录

第 19 条　编制单位。

本办法由×××部负责编制、解释与修订。

第 20 条　生效时间。

本办法自××××年××月××日起生效。

编制日期		审核日期		批准日期	
修改标记		修改处数		修改日期	

7.2

▶▶

建立采购管理信息系统

7.2.1　采购管理信息系统建设规划方案

为进一步规范采购管理，提升采购效率，降低采购成本，增加企业利润，需要建设采购管理信息系统，促进采购管理信息化、现代化。

方案名称	采购管理信息系统建设规划方案	编　号	
		受控状态	

一、目的

为提高采购员的工作效率，实现采购管理工作的信息化、网络化等，降低采购的总体成本，增加企业利润，更好地完成企业最终目标，特制定本方案。

二、采购管理存在的问题

1. 采购效率过低，严重制约企业业务的发展。

2. 对供应商的选择、评估、谈判等过程管理没有一套科学的评价体系。

3. 与招标需求之间缺乏沟通渠道，致使新供应商的增加量远不能满足采购需求。

4. 不能实时掌握采购材料的市场价格，导致对成本的控制缺乏有力数据支撑。

5. 监管单位无法随时随地地掌握每家被监管单位的商品采购信息。

三、可行性分析

（一）经济可行性

1. 采购管理信息系统的总费用为＿＿＿万元，没有超出企业的预算，经济上可行。具体如下所示。

（1）软件开发成本：需求分析费，总体设计费，软件测试费，调查费，耗材费，文档费，共＿＿＿元。

（2）设备及其他增添、改造费：服务器××台，客机××台，打印机××台，共＿＿＿元。

（3）项目实施费：管理费，运行费，共＿＿＿元。

合计：＿＿＿元。

2. 采购管理信息系统采用网络方式，投入较多，但此系统建成后，可以实现资源共享。相关信息均可以在网上进行交换，减少了许多相关人员的参与，工资成本降低，从经济上来说是可行的。

（二）技术可行性

采购管理信息系统可以通过现有的常用技术实现，采购员应具有一定的计算机基础，会使用各种管理软件，熟悉 IT 产品，因此在系统投入使用时，只需要对员工进行少量培训，员工熟悉系统的功能和使用方法后就基本上能够保顺利使用系统。

（三）管理可行性

采购管理信息系统具有极强的安全性和可靠性，采购部的管理员可以通过相关密码

采购员岗位培训手册

132

设定对采购系统进行管理，在管理上是可行的。

四、采购管理信息系统规划方法

可使用关键成功因素法、企业系统规划法进行采购管理信息系统规划工作。

五、采购管理信息系统总体设计

1. 采购功能。

(1)采购需求、订单、合同的制定。

(2)查询并打印采购订单和合同报表。

2. 付款功能。

(1)到货登记、查询、报表打印。

(2)损坏商品、拒收商品登记，付款登记，金额调整。

(3)查询已付款、未付款情况，并打印报表。

3. 物价功能。

(1)制定、更新、修改和调整商品定价，并打印。

(2)制定商品的招标物价，并查询、打印招标物价。

(3)商品扣率管理。

(4)可以对商品的执行价格和历史价格进行查询、打印。

(5)药品价格调整库存表。

4. 查询功能。

(1)根据日期、产地和种类查询药品信息。

(2)查询各种商品的相关信息，包括品种情况、销售明细、重点品种销售、储备品种库、到货情况、库存情况和业务账。

(3)对查询信息各类报表进行打印。

六、采购管理信息系统详细设计

(一)输入设计

采购管理员可以通过相应的界面登录到系统，以便进行各种采购信息的查询。

1. 设计要求。

输出设备：屏幕。

输出方式：显示输出与打印输出。

输出形式：报表输出形式。

输入设计：对输入信息进行校验。

2. 在登录界面用户名及密码不能为空，如不填写两者或两者之一，则会弹出对话框提醒"请输入用户名与密码！"，如果用户输入的密码不是密码管理表中的用户名及密码，则会弹出对话框提醒"无该用户！"。

3. 在采购信息查询界面和入库信息查询界面，订单号不能为空，否则会弹出对话框提醒"请输入完整信息，输入订单号编号为数字！"。

(二)输出设计

输出是采购管理信息系统产生的结果或提供的信息，是系统开发的目的与评价系统开发成功与否的标准，输出应确保便捷、准确。

(三)代码设计

代码设计部分主要是采购订单号的设计。代码共9位,前3位为所需采购商品的分类,第4位到第6位为采购商品的名称,第7位到9位为产品的产地。

七、硬件选择

(一)硬件方案选择

1.多看专业报刊和广告,听取专家的意见和供应商介绍,参加展示会和报告会,以熟悉供应商、可选品种及其特点、行情趋势等。

2.在质量有一定保证的前提下,根据系统方案的实际需要确定规格与档次。

3.信息技术发展迅速,更新换代极快,一步到位地选择计算机硬件最高配置决不可取。

4.为保证售后服务,要选择成熟的、信誉良好的供应商,尽可能不采用多家供应商集成的方案。

5.系统规模较大时,采用招标方式选择供应商。投标评价在较大范围内公开进行,或由专家组组成的第三者负责。

6.对于硬件、系统软件与应用软件、数据库系统与开发工具等应整体考虑,以便取得尽可能好的系统匹配或系统兼容性。

(二)软件供应商选择

1.供应商是否建立起自己的软件质量度量和评价数据。

2.数据库中是否存有与企业所在行业相关的软件。

3.供应商是否具有相关的开发经验。

执行部门		监督部门		编修部门	
执行责任人		监督责任人		编修责任人	

7.2.2 采购管理信息系统建设方案

为建设采购管理信息系统,提高采购员的工作效率,推动企业的信息化、智能化的发展步伐,需要制定相应的方案来指导采购管理信息系统的建设。

方案名称	采购管理信息系统建设方案	编　　号	
		受控状态	

一、目的

为加强对采购需求的管理,实现采购管理工作的信息化、网络化,通过建立采购管理信息系统建设方案,提升采购员工作效率,从而降低采购的总体成本,增加企业的利润,结合企业实际情况,特制定此方案。

二、适用范围

适用于企业采购管理信息系统的建设工作。

三、信息系统建设小组成员

采购部负责采购管理信息系统建设的全面工作,其主要成员有:采购经理、采购主管、采购员、技术经理、技术部工作人员。

四、实施采购管理信息系统建设

(一)确定建设采购管理信息系统基本技术

采购管理信息系统的基本技术主要有条形码技术、电子数据交换技术以及电子自动订货系统技术等。

(二)设计采购管理信息系统

1. 发展规划方面。

在建立采购管理信息系统时,信息系统建设小组在建立之前必须清楚完整地规定其目标。

① 定义采购管理信息系统的基本问题及其目标,要符合企业的目标及政策。

② 建立一个由采购经理所领导的结合采购、系统设计及存货控制等人员的团队。

③ 为初步的系统设计取得信息,确认系统会需要哪一类的信息,什么时候需要及其有何特性。

④ 应提出一份包含系统利益、需要时间以及预期收益的计划给执行团队。

⑤ 赋予系统适当的特性并解释其技术细节。

⑥ 为供应商的提案提供价格预测分析、计算机硬件及周边设备的成本分析,并估计程序软件的需求。

⑦ 通常至少应有4家硬/软件供应商发出完备的报价,并分别与每家供应商讨论。

⑧ 利用正式的文件列出不同供应商所提供的不同资讯来建立比较性的矩阵评估系统。

⑨ 寻找可以提供整体成本最低的两家供应商,而不是价格最低者。邀请这两家供应商分别对其报价进行深入的对谈。在实行此步骤时,应切记供应商所提供的不是最终的价格。

⑩ 与供应商就规格、价格、条件进行谈判。

⑪ 排定时间表,依照修改过后的设计构建程序,并且分析其合理性。开展一系列的训练课程,并让采购员或其他人了解有关计划的修正。

⑫ 在系统构建时,注意硬件及软件的构架方式是否依照规格施工,并记录将程序步骤写成标准的作业程序。

⑬ 测试系统成果,采购员同意并签字,且供应商必须持续地提供协助,在完全满意之前不要验收系统,检验新系统的成本效益是否如预期的一样好。

2. 软件评估方面。

(1)评估软件效能。

① 软件是否能完成采购部所要求的工作。

② 是否与其他现有系统(如会计、发票、收款)相容。

③ 在大型计算机的使用上,此软件是否易于与其资料库整合。

④ 在个人计算机的使用上是否易于使用及了解。

⑤ 是否可随着采购部门的业务变动而增加其功能。

⑥ 此软件是否提供控制功能及例外性报告以供使用。

(2)评估软件成本。

① 软件的取得成本。

② 软件的维护成本。

③ 软件升级或更新成本。

(3)评估软件供应商。

① 供应商是否在所处的行业中拥有足够的设计能力。

② 供应商是否建立顾客反馈渠道。

③ 供应商所支援的技术人员是否拥有采购领域的足够专业知识。

④ 供应商是否有能力应付未来的升级及更新的需求。

3. 硬件评估方面。

① 评估硬件的容量以及处理速度是否能为系统提供支持服务。

② 评估使用大型计算机还是个人计算机,还是将个人计算机连接在大型计算机上。

(三)建立系统具体操作平台

采购信息平台由采购业务操作系统、采购业务管理系统、电子商务系统 3 部分组成。

1. 采购业务操作系统

采购业务操作系统主要包括计划模块、认证模块、订单模块、存储模块、财务模块、供应商模块、物流模块,输入的是商品需求计划,输出的是商品。计划、认证、订单、存储、财务等工作人员在相应模块进行自己的业务操作。业务操作系统的流程包括下面 5 项内容。

① 计划人员将已经批准的认证计划、订单计划通过电子流传递至认证模块,并将需求预测通过订单人员传至供应商。

② 认证人员将已经批准的认证合同存入采购环境系统中,供订单人员等查询使用。

③ 订单人员将订单合同使用电子流传送到供应商,将商品到货信息传至存储模块。

④ 存储人员将商品入库信息录入存储信息系统中,并将入库信息传至财务部。

⑤ 财务人员根据订单人员的付款申请及商品入库信息,向供应商进行付款操作。

2. 采购业务管理系统

采购员在采购业务管理信息系统及时报告采购业务的绩效状态,包括质量、价格、供应、服务等方面,以便向采购计划、认证、订单等模块操作人员提供信息数据服务指导,为采购决策提供依据。

3. 电子商务系统

通过电子商务系统进行电子交易。

执行部门		监督部门		编修部门	
执行责任人		监督责任人		编修责任人	

7.2.3　采购管理信息系统改进方案

由于企业经营状况的不同，采购管理信息系统在使用过程中可能会与实际的采购管理存在误差，因此需要逐步地改进和完善采购管理信息系统，对存在的或潜在的不合格事项进行分析，采取措施并予以消除。

方案名称	采购管理信息系统改进方案	编　　号	
		受控状态	

一、目的

为了消除采购管理信息系统在使用过程中存在的诸多问题，完善采购管理信息系统，促使采购管理信息系统能更好地为企业服务，结合企业实际情况，特制定本方案。

二、适用范围

适用于采购管理信息管理系统的改进工作。

三、采购管理信息系统改进内容及措施

（一）信息系统安全性得不到保障

1.问题描述：采购管理信息系统使用过程中，系统自身的安全漏洞以及采购信息的泄露，使得采购管理信息系统存在安全问题。

2.责任人：×××。

3.改进措施：加强采购管理信息系统自身的防护能力，避免木马等病毒的侵害和攻击。深化对采购管理信息系统使用人员的安全培训工作，做好保密措施，不泄露采购的任何信息。管理供应商，做好供应商的保密工作。

4.改进时间：××××年××月××日—××××年××月××日。

（二）信息系统不能与时俱进

1.问题描述：企业核心竞争力发生变化，旧的采购系统无法预测企业未来市场的增长、规模和地域。

2.责任人：××。

3.改进措施：进行采购管理信息系统的再设计，重新规划功能模块。与供应商之间建立战略合作伙伴关系，信息互通，信息共享，完善采购管理信息系统。

4.改进时间：××××年××月××日—××××年××月××日。

四、采购管理信息系统改进实施步骤

采购管理信息系统改进实施工作分四个阶段进行。

（一）部署阶段

时间：××××年××月××日—××××年××月××日。

1.采购员组织成立信息系统改进工作小组，信息系统改进工作小组成员由采购员、采购主管、采购经理、技术经理、技术部工作人员组成。

2.信息系统改进工作小组根据采购管理信息系统使用中存在的问题，制定采购管理信息系统改进工作方案，经总经理审核后实施，召开采购管理信息系统改进会议，安排部署改进工作。

（二）落实阶段

时间：××××年××月××日—××××年××月××日。

1.信息系统改进工作小组负责确定采购管理信息系统的相关问题，推动和保证改进工作落实到位。

2.信息系统改进工作小组负责对照存在的问题，逐一制定改进措施，明确改进工作责任人、改进内容、目标、时间要求，确保取得改进实效。

（三）完善阶段

时间：××××年××月××日—××××年××月××日。

1.信息系统改进工作小组对照改进方案进行改进情况自查，形成报告，经总经理审定后，召开采购管理信息系统改进会议，听取改进意见，查漏补缺。

2.信息系统改进工作小组对改进工作进行全面总结，形成工作报告，并及时公布改进方案和改进情况，吸收各方面的合理意见。

（四）验收阶段

时间：××××年××月××日—××××年××月××日。

采购员根据信息系统改进工作小组的改进报告对其改进工作进行检查验收，检查相关问题是否改进到位。

执行部门		监督部门		编修部门	
执行责任人		监督责任人		编修责任人	

第 **8** 章

采购数字化管理

8.1

制定数字化采购实施方案

8.1.1 内外部环境评价模型

在推进数字化采购工作前，企业应对内外部环境进行评估，以便确认是否适合进行数字化采购建设，以及选择最合适的数字化采购整体解决方案。

（1）外部环境评价

企业应识别与数字化采购相关的各种外部环境，包括宏观经济及行业环境、社会环境、技术环境及市场整体数字化采购发展现状和趋势等。

PEST 分析法是分析外部环境的常用工具之一，主要用来分析行业所处的宏观环境对数字化采购实施的影响。

企业所处的行业不同，根据自身的需求和战略需要，PEST 分析法分析的具体内容也会有所差异。但一般都应对政治（Political）、经济（Economic）、技术（Technological）和社会（Social）这 4 大类影响企业的主要外部环境因素进行分析。

数字化采购进行外部环境分析采用 PEST 分析法时，其模型内容如图 8-1 所示。

图 8-1　PEST 分析法模型

（2）内部环境评价

企业内部环境对数字化采购的实施尤为重要，通过对企业规模、企业数字化发展战略和技术基础等维度进行评估，再根据分析方法的特点和要求收集相关数据，最后进行分析总结，得到企业内部数字化采购实施的实际发展环境。

下面以"内部因素评价矩阵法"为例，对企业数字化采购内部环境进行分析评价。

① 绘制"内部因素评价矩阵"，如表8-1所示。

表8-1　内部因素评价矩阵

内部情况分析		关键因素	权重值	分值	加权分值
优势	1				
	2				
	…				
劣势	1				
	2				
	…				
总计			1.0		

② 根据企业具体情况，列出影响其数字化采购实施的10～20个关键因素，包括优势和劣势。

③ 根据各个因素的重要性，赋予每个因素一定的权重值，数值范围为0.0（不重要）～1.0（非常重要）。所有因素的权重值之和为1.0。

④ 根据企业实际情况，给各个因素进行评分。1分代表重要弱点，2分代表次要弱点，3分代表次要优点，4分代表重要优点。

⑤ 通过计算权重值与分值的乘积，得到每个因素的加权分值。

⑥ 将所有因素的加权分值相加，得到企业内部数字化采购实施的总加权分值。

经验表明，企业内部环境的平均得分为2.5分。若总加权分值低于2.5分，则企业内部环境处于劣势；若总加权分值高于2.5分，则说明企业内部发展处于优势。

8.1.2　合理选择实施途径

根据企业数字化采购实施的内外部环境评价结果，以打造新型采购体系为目标，以数字化采购平台为核心载体，企业可选择采取整体推进采购数字化实施方案或分阶段推进采购业务数字化方案。

（1）整体推进采购数字化实施方案

基础条件较好的企业可立足数字化转型整体战略，建立强有力的采购管理体系和跨部门综合协调机制，利用新一代信息技术全面改造采购业务和管理系统，推进与采购活动相关的供应商管理、生产、质检、仓管、财务、信息化等业务环节的整体数字化转型。

（2）分阶段推进采购业务数字化方案

根据自身基础条件、采购业务需求、成本投入、需求紧迫性等情况，以解决实际问题为导向，针对不同采购对象分阶段推进相关业务环节的数字化转型。

8.1.3 明确任务和主体责任

在数字化采购实施过程中明确任务重点，落实主体责任，可以有效推动数字化采购的顺利实施。

（1）明确重点任务

企业数字化采购实施过程中的重点任务如图 8-2 所示。

重构数字化采购格局		数字化采购技术创新
①采购部采用新兴技术，制定清晰的数字化战略，并重构采购格局，从而推动数字化采购的实施。 ②采购部重新思考整个部门的组织架构、采购活动、资源分配和相关技能。 ③与业务部门紧密合作，把核心寻源、签订合同和供应商的管理活动集成到供应链的活动中，更好地满足客户需求。	重点任务	①利用人工智能、区块链等新兴技术，用于预测分析、起草合同、提高采购支出的可视性，为制定寻源决策提供指导。 ②利用集成式分析功能和仪表盘，从不同维度，重点展示供应商的实际绩效，以及预测的潜在风险，从而完善总体供应商的管理流程。 ③采用数字化合同，提高与供应商的谈判质量和谈判速度，并加强协作，减少企业对供应商合规问题的担忧。

图 8-2　数字化采购实施重点任务

（2）落实主体责任

① 企业管理层。企业管理层应当做好企业数字化采购实施的内部归口部门，明确内部工作机制，重点加强对数字化采购实施的需求评估、过程监管、履约验收、结果评价等内容的管理。

② 采购部门。

a.从做好企业数字化采购实施工作的内在要求看，应全面了解企业数字化采购特点和需求，掌握市场行情，确定合理的实施方案和实施路径。

b.从源头开始，对企业数字化采购实施全流程所有涉及的部门和岗位的职能、职责进行梳理，具体包括编制数字化采购实施需求、编制数字化采购实施预算、制定数字化采购实施方案、评估数字化采购实施结果等。把企业数字化采购实施内控制度提升为企业重要规章制度，切实提高内控制度的约束力。

③ 采购员。不断提升数字化采购相关工作技能，为企业数字化采购实施赋能，例如努力成为能够与数字化工具互动的分析型采购员，深耕于相关品类的技术型采购员，善于牵引或主导供需协作的创新型采购员等。

8.2

明确数字化采购的要素和资源支持

8.2.1 数字化实施基础体系

数字化采购实施过程中，企业应推动内部信息系统综合集成和供应商集成协同，加快设备、生产线和基础设施的数字化改造，并有计划、有步骤地推进信息基础设施、业务设计、管理系统及人才体系向云端的迁移，逐步完善数字化采购实施的基础体系，具体如图8-3所示。

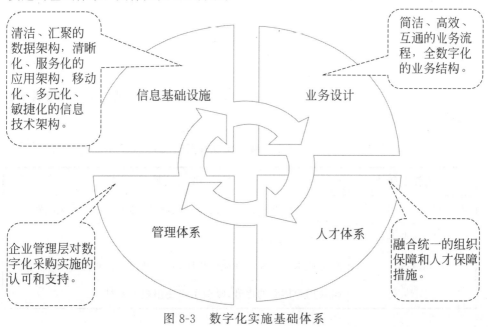

图 8-3　数字化实施基础体系

8.2.2　人才保障措施制定

人才保障措施的制定应从企业数字化采购实施的战略发展目标与任务出发，建立一个较为理想的人才组织结构，更好地发挥人才的作用，使人才组织结构内有关因素形成最佳组合。数字化采购人才保障措施如图 8-4 所示。

1 建立相关机制
建立、保持和改进数字化采购实施的相关机制，确保员工充分参与

2 数字化采购技能培训
采取交叉培养、轮岗锻炼等形式开展数字化采购培训，帮助员工掌握数字化采购技能

3 完善人才培养制度
完善人才培养、绩效考核、薪酬及晋升等方面的制度

4 外部支援
必要时雇用外部专家顾问、技术人才等专业人员，保障数字化采购的顺利实施

图 8-4　数字化采购人才保障措施

除制定数字化人才保障措施外，数字化采购实施远非简单地采集更多数据和使用数字化工具，还需要组建一个由各领域专家组成的跨职能团队。其组成核心如表 8-2 所示。

表 8-2　跨职能专家团队

专家类型	作用说明
数据科学家/AI 专家	帮助构建模型和进行数据的处理，并梳理不同数据的关联性
品类/行业专家	判断出这些关联性的意义
IT 专家	熟悉技术工具和软件应用程序，并能制定有针对性的解决方案
设计专家	擅长用户体验的提升，吸引用户使用相关工具

8.2.3 健全财务管理制度

企业应适时调整和完善与数字化采购活动相关的财务管理制度和规范,做好预算、审批、付款和核算等相关工作,并保障数字化采购体系建设的资金投入,确保资金及时到位和资金使用合规性。

以下是一则适用于数字化采购实施的财务管理制度范例,以供参考。

制度名称	数字化采购实施财务管理制度		受控状态	
			编　　号	
执行部门		监督部门	编修部门	

第1章　总则

第1条　目的。

为了规范企业数字化采购实施过程中的资金预算、审批、付款、核算及资金规范使用,发挥财务管理在数字化采购实施过程中应有的作用,特制定本制度。

第2条　适用范围。

本制度为企业数字化采购实施过程中各部门的财务工作提供指导。

第3条　职责。

本制度的设计由财务总监领导,财务经理负责相关具体的组织制定,财务部相关负责人配合。

第2章　预算审批金额控制

第4条　预算审批。

1.项目整体预算。根据企业数字化采购实施的需求制定项目整体预算,整体预算应控制在____元内,由预算委员会审核,董事会或股东大会审批。

2.追加预算。项目实施过程中如遇到预算追加情况,应由预算委员会审核,董事会或股东大会审批。

3.调整预算。项目实施过程中如需调整预算,应由预算委员会审核,董事会或股东大会审批。

第5条　日常运营经费审批。

运营经费单项不超过____元,可由部门经理审批。

____元~____元,部门经理审核,财务经理审批。

____元以上,预算委员会审核,董事会审批。

第6条　资本支出预算审批。

预算范围内支出,由部门经理审核,财务经理审批。

预算外不超过____元,财务经理审核,财务总监审批。

____元~____元,财务经理和财务总监审核,总经理审批。

____元以上,预算委员会审核,董事会审批。

第3章 付款管理

第7条 付款申请流程。

1. 数字化采购项目实施相关经办人填写"付款申请单",并提交项目经理审核。

2. 项目经理审核签字同意后,由相关经办人报财务部审核。

第8条 付款审批。

1. 财务部应对数字化采购实施项目的"付款申请单"进行审核,若发现资料不符合"数字化采购项目付款手续管理程序"的,退回并说明所缺资料、内容。

2. 核查相应的款项。

(1)按照该项目的财务管理条例,仔细审核每项付款。

(2)及时做好台账,严格核对"已付款",杜绝超付。

(3)合理安排每笔付款,做到急事急办,绝不拖延时间,影响项目推进。

(4)做好发放支票、收齐发票工作。

第9条 各类款项支付管理。

1. 项目预付款计算。

数字化采购实施项目预付款是项目合同金额与合同约定的预付百分比的乘积。

2. 项目进度款申请审核。

施工单位编制项目进度款清单上报相关经办人,相关经办人统计、审查已完成项目进度,并核对有关合同条款无误,报项目经理审核签字后,转财务部审批付款。

第4章 核算管理

第10条 会计记录存档。

1. 财务部对发票校验后,进行会计记录、做账。

2. 财务部做好相关单据的存档保管工作。

第11条 设置项目成本的台账。

财务部应当根据国家有关规定和企业的财务制度,协助数字化采购实施部门建立项目成本的台账,并向其说明台账的登记要求。

第12条 明确各部门的核算职责。

项目团队、财务部以及其他参与项目的部门应做好沟通工作,明确各自的核算职责,其有关要求如下。

1. 划分各自核算范围,保证部门间所核算的内容不重不漏。

2. 明确工作的交接程序,如项目团队和项目参与部门向财务部移交成本核算结果的流程等。

第13条 确定核算周期。

财务部要与各有关部门协商确定项目成本的具体核算周期,避免核算周期过长导致问题不能被及时发现或周期过短致使核算成本的增加。

第5章 资金保障和使用规范

第14条 设立专项资金。

1. 专项资金实行"专人管理、专户储存、专账核算、专项使用"。

2. 专项资金实行报账制,资金拨付一律转账结算,杜绝现金支付。

第 15 条　资金拨付。

资金的拨付本着专款专用的原则,严格执行"数字化采购实施项目资金批准的使用计划和项目批复内容",不准擅自调项、扩项、缩项,更不准拆借、挪用、挤占和随意扣压,特殊情况,必须请示。

第 16 条　专项资金审核。

数字化采购实施专项资金的使用必须实施初审、审核、审批程序,不准缺项和遗漏程序办理手续,以该专项资金审批表所列内容和文件要求为准。

第 17 条　专项资金报账。

专项资金报账拨付要附真实、有效、合法的凭证。

第 18 条　加强资金审计监督。

1. 加强数字化采购实施的资金审计监督,实行单项业务决算审计、整体项目验收审计、年度资金收支审计。

2. 对专项资金要定期或不定期进行督查,确保项目资金专款专用,要全程参与项目验收和采购项目交接。

第 6 章　附则

第 19 条　编制单位。

本制度由财务部负责编制、解释与修订。

第 20 条　生效时间。

本制度自××××年××月××日起生效。

编制日期		审核日期		批准日期	
修改标记		修改外数		修改日期	

8.2.4　夯实基础资源模块

企业为保证数字化采购实施的成功,必须采取一定的措施夯实基础资源模块,为数字化采购实施奠定坚实的基础,具体措施如表 8-3 所示。

表 8-3　夯实基础资源模块措施

措施	具体说明
夯实数据资源	① 从源头上对数据资源进行细化,建立数据资源分布地图 ② 制定数据标准和交换接口标准,贯彻一源多用原则,规范和优化数据流动秩序,降低数据交换成本,提高可信数据供给,改善数据质量,减少过程数据和垃圾数据的堆积,为数据中心的合理布局和规模提供依据

措施	具体说明
构建物资编码体系	企业可参考国家或相关行业标准、标识解析体系,构建企业内部、供应链上下游及相关方互认互通的物资编码体系
供应商准入和淘汰机制	建立供应商准入和淘汰机制,开展供应商绩效评价,打造优质供应商资源库
引入公共信息服务	引入国家企业信用信息公示系统、信用中国、中国人民银行征信系统等公共信息服务,完善供应商画像,及时识别、评估和管理供应商风险
共享交易数据	供应链核心企业可与金融机构共享交易数据,开展供应链金融业务。基于采购对象、采购特征等情况,建设专家资源库,完善专家选聘、抽取、使用、管理等机制

8.3

▶▶

优化数字化采购业务流程

8.3.1 制定业务流程优化方案

企业应根据数字化采购实施路径和计划,制定业务流程优化方案,明确沟通协调机制,组织推进实施。以下是一则数字采购业务流程优化方案范例,供读者参考。

方案名称	数字化采购业务流程优化方案	编　号	
		受控状态	

一、业务流程优化的目标

1.取消所有不必要的工作环节和内容。

2.合并必要的工作。

3.业务程序的合理重排。

4.简化所必需的工作环节。

二、业务流程优化思路

(一)业务流程现状调研

业务流程优化小组深入了解企业的数字化采购战略目标、采购业务流程职责、采购业务流程现存问题以及数字化技术应用现状,并形成调研报告。

(二)优化诊断报告

针对数字化采购业务流程优化需求深入分析和研究,总结企业的功能体系,对每个功能进行描述,形成业务流程现状图,提出初步的解决方案,并形成诊断报告。

(三)业务流程优化

指出业务流程现状汇总存在的问题以及可以改变的内容,结合各个问题的解决方案提出业务流程优化思路,将业务流程优化思路具体化,形成优化后的业务流程图,并形成最终的解决方案。

三、业务流程现状

随着企业数字化采购的实施及当前采购业务的激速增长,对数字化采购业务流程规划产生了新的需求。目前企业的采购业务流程存在供应商的管理不规范,采购渠道混乱,采购价格监督不到位,采购管理效率低下等诸多问题。因此,数据化采购业务优化势在必行。

总体来说,企业需要实现由传统的采购业务流程向数字化采购业务流程转变,从被动反应向主动支持发展,从事后补救向过程即时监控的飞跃。

四、业务流程优化

(一)采购组织职能的优化

1.企业要实现采购数字化,必须打造与之相适应的组织职能。由过去的降低成本和保证供给职能转变为创造更多"价值附加"职能。

2.将采购战略工作和日常运营采购工作分离,将采购人员的工作重心向战略采购转变。

3.提高对采购团队的各项专业要求,成为真正的战略职能部门,从单纯的成本管控转向价值创造。

4.通过与供应商、供应商的供应商谋求更多合作机会,实现多赢,互联协同,打造可持续发展的采购生态体系。

(二)采购业务流程的优化

1.采购业务管理理念优化。

(1)明确业务流程是企业战略的承载,是业务管控的运作机制,是信息化、数字化的核心对象。

(2)科学打造集约化、规范化、可持续的高效采购管理流程。

(3)将管理策略落实到具体的管理流程当中,包括寻源策略、合同谈判、供应商资格化、采购渠道划分等一系列的具体流程,落实到具体责任人,使整个业务流程可操作、可落地、可执行。

2.采购系统平台的优化

(1)采购供应链端到端的业务数字化。应覆盖寻源招标、合同磋商、供应商管理、订单管理、收货对账等数字化、智能化的应用功能,帮助企业实现降低采购成本以及采购处理成本,有效提高业务数据和通用数据的规范性、集成性和可追溯性。

(2)建立采购与研发、计划预测、生产制造、库存以及物流等信息节点的互通与整合,运用提升端到端的供应链体系的实物流与信息流的集成效率,形成更智能更灵活、可视可感知的数字化供应链体系。

(三)供应商的管理流程优化

1.构建完整的、数字化的供应商的管理流程,从供应商引入、注册、认证以及绩效各个环节进行结构化信息处理,使企业可在内部进行供应商风险的分析与评估。

2.通过智能的大数据分析,对供应商运营情况、供应商所处的地理位置,供应商合法、合规状况等维度信息进行预警和评估。

(四)部门协同优化

1.内部部门间的协同优化。

实现对接流程自动化,打破采购部门与内部其他相关部门的协作壁垒,提高信息流通的效率。

2.供应商与供应商的供应商之间的协同优化。

通过供应链的互联协同,解决企业间交易过程中存在的不透明、不规范、效率不高、预测性不强的问题,同时能够及时准确地掌握供应商供给信息和生产运营情况,从而做出相应的决策与判断。

五、业务流程优化评估

随着企业数字化采购业务流程的优化与完善,对企业采购流程的各个环节有着很大的推动作用。同时,各个环节的发展进步又反过来作用于企业的数字化采购实施,从而,形成了一个相互循环、相互推进的良性循环流程。

具体来说,数字化采购业务流程优化后,预计给企业带来的效益主要有以下 5 个方面。

1.采购技术水平的提升。

2.采购管理水平的提高、沟通成本的降低。

3.市场占有率的提高。

4.为新流程提供有力的支持。

5.决策能力的提升。

执行部门		监督部门		编修部门	
执行责任人		监督责任人		编修责任人	

8.3.2 优化业务流程

市场环境的剧烈变化和不明朗,导致现阶段的采购业务存在诸多问题,要求企业进行数字化采购业务步骤优化工作,确保采购各环节顺利进行,提高采购的工作效率,降低采购的总成本,具体参照图 8-5 所示。

| 建立采购商品类别 | 按照不同的标准对采购商品进行分类，明确采购商品类别，常见的分类标准有：供应商、制造过程、规格、制造技术、用途等 |

| 建立采购支出分析 | ①分析采购支出。分析直接商品和间接商品的采购支出情况，分析商品清单
②分析供应商。通过供应商的采购额排序，识别供应商采购支出水平 |

| 进行风险优先级排序 | 时时跟踪合同起草、审批、签署、履约过程，及时甄别预防违规风险，对存在的风险进行优先级排序 |

| 制定差异化寻源策略 | 根据不同品类需求特点制定差异化寻源策略，基于历史支出、生产计划等数据生成采购需求 |

| 管理供应商 | 与供应商信息互通、信息共享，共享供应商生产、检验、配送等进度数据，实现订单跟踪、监督和追溯 |

| 拓展电子业务渠道 | 探索应用电子发票、电子检验检疫报告等电子凭证，提升验收、付款、发票等业务流程效率 |

图 8-5　优化业务步骤图

8.4

实现数字化采购技术

8.4.1　数字化采购平台功能模块

数字化采购平台功能模块根据企业的数字化采购需求和预算，各个功能模块也各不相同。通常情况下，数字化采购平台功能模块构成如表 8-4 所示。

表 8-4　数字化采购平台功能模块构成

数字化采购平台模块	功能构成
需求管理	该模块包含需求提出、预算控制、需求审批、受理控制等内容
供应商的管理	该模块包含供应商注册、供应商准入、供应商现场考察、供应商履约评价、供应商处罚、供应商定期评估、供应商退出等内容
商品管理	该模块包含商品维护、商品上下架、品类定义描述等内容

数字化采购平台模块	功能构成
寻源、招标采购	该模块包含采购立项、邀请招标采购、邀请询价采购、竞争性谈判采购、单一来源采购、采购结果、合同管理等内容
履约	该模块包含订单管理、进货验收、货款支付、违约处理等内容
结算	该模块包含结算单生成、发票信息录入、发票信息匹配结算单等内容
业务自助下单	该模块包含用户下单、供应商接单、供应商发货、用户收货等内容
数字化供应链协同	该模块主要可以实现用户自愿选择履约对象、履约流程高效协同等功能

8.4.2 技术实施效果评估报告

以下为技术实施效果评估报告范例，供采购员参考。

报告名称	技术实施效果评估报告	编　　号	
		受控状态	

一、概述

自20××年××月××日起，企业采购模式从传统采购向数字化采购转型。采购部使用数字化采购模式进行采购，为企业带来了诸多便利。具体如下所示。

1.降低了采购成本。

数字化采购模式扩大了供应商的选择范围，突破了传统采购数量上、地域上的限制，可从全球范围内进行商品的采购，采购部从中选择价格和服务最优的供应商，不仅节省了人力物力成本，还获得了更为优质的商品或服务。

2.提高了采购效率。

数字化采购采用线上的模式进行采购，生产部、仓储部等相关部门通过互联网向采购部传递采购需求，采购员通过互联网整理需求和上报，采购经理、总经理直接在线上进行审批，这不仅节约了信息传递、整理的时间，还优化了审批环节，提高了采购效率。

3.优化了采购管理。

运用数字化采购模式进行采购，采购员按照各自的权限进行采购，上一环节没有通过无法进入下一环节，避免了采购的各个环节出现不合规现象，落实责任到人，提高了采购的准确性。

4.提升了企业价值。

数字化的采购模式为企业获取了更多的供应商资源、信息资源，为企业提供了更强的竞争能力、生存能力和发展能力，降低了采购成本，提高了采购效率，优化了采购管理，提升了企业的整体价值。

二、存在问题

企业的数字化采购虽然进入了快速发展的阶段，但仍然存在着诸多待解决的问题。

1.质量问题。

在20××年××月至20××年××月的采购过程中，＿＿＿＿批次的商品不合格率和退货率比较高,不合格率高达____%以上,退货率高达____%以上。

2.交期问题。

在20××年××月至20××年××月的采购过程中,____批次的商品供应商没有及时送达,延误了企业生产计划。____批次的产品包装破损,与供应商协商换货。

3.需求问题。

____商品在购买过程中出现偏差,与需求部门所需存在差异。

4.服务问题。

____供应商的售后服务不到位,对于需求的变动和突发问题不能及时作出反应,售后服务态度差,不能提供良好的售后服务。

三、原因分析

1.整个采购市场的数字化趋势发展较慢,大多数企业仍然采用传统的采购模式或者处于转型期间,企业的数字化采购无法同整个行业进行有效对接,尤其是针对上游供应商,无法进行信息互通和信息传递,导致上游供应商无法及时进行交付。

2.缺乏对供应商的监管,无法保障供应商的供货质量和服务,退换货率比较高,影响企业的生产经营活动。

3.不同部门的需求纷繁复杂,商品规格型号不一,在向系统上传编码过程中,容易出现错误,导致采购的商品与需求不符,带来严重的经济损失。

4.数字化采购还没有全面普及,没有相关的案例进行参照,采购部只能自己进行摸索改善。

四、改善建议

1.加强对上游供应商的管理。

建立完善的供应商选择体系,完善供应商选择制度,规范供应商选择工作,确定科学的选择标准,确保选择到合适的供应商。

2.推动数字化采购模式的实施。

要加强与供应商的信息沟通,做到信息互通、信息共享,推动供应商向数字化采购转型。

3.加强数字化采购模式的监管。

采购员要加强对数字化采购的监管,包括需求的上传、金额的确定、供应商的选择、交期的确定、质量验收等各个方面。

4.加强对采购员的培训工作。

加强对采购员的培训,掌握数字化的采购流程和工作标准,更好地进行采购工作。

五、其他补充说明

1.本次评估了数字化采购模式,既评估了数字化采购的优势,也指出了数字化采购存在的问题,分析了问题产生的原因,提出了改进措施,推动了数字化采购的实施。

2.数字化采购虽然存在部分问题,但仍有很大的改善空间,并且随着互联网信息技术的发展,数字化采购模式已是大势所趋。数字化采购是一个长期、复杂的模式,需要在之后的采购过程中不断完善,进一步提高采购效率,加强采购管理。

3.采购员在之后的采购工作中会时时评估数字化采购技术,不断优化数字化采购流程。

以上是本次数字化采购技术实施效果的工作详情,请各级领导审阅并作出下一步的指示。

编写人员		指导人员	
主送部门		抄送部门	
报告意见			

第 **9** 章

采购风险识别、分析、
评价与应对管理

9.1
采购战略风险管理

9.1.1 风险识别方法

采购战略风险的识别方法有很多，在实际的采购风险管理过程中，可根据具体情况和需要选用合适的方法进行风险识别，以达到采购战略正确实施的目的。

下面介绍几种企业常用的采购战略风险识别方法，具体内容如表 9-1 所示。

表 9-1　采购战略风险识别方法

方法名称	应用示例
检查表法	根据过往采购战略实施中的风险评估结果,将采购战略中各环节可能发生的潜在风险列举在表中,以供识别人员检查核对,判断该阶段是否存在表中所列举的相同或相似的风险
结构化访谈法	① 根据采购战略实施的具体工作明确界定访谈目标 ② 从与该工作有利益相关者中抽取出被访谈者 ③ 准备访谈问题清单 ④ 根据访谈目标,设计采购战略实施相关的访谈提纲及记录表。访谈提纲的内容应该是开放式的、简单的、有针对性的,利于被访谈者理解。同时也要准备可能的后续问题,用来补充说明该问题 ⑤ 按访谈提纲向被访谈者提问。在收集问题的解答时,应注意不要"诱导"被访谈者,要使被访谈者尽可能地表达其真实观点 ⑥ 在访谈时要营造良好的谈话氛围,适当控制话题方向,适时追问,适当运用表情和动作,适时记录访谈内容
失效模式和效应分析法	① 将采购战略实施过程中的各环节进行分组 ② 对分组出来的环节,确认该环节所有可能产生的失效模式或潜在的缺失环节、造成这些失效模式的具体机制以及该失效模式对该环节的影响 ③ 评估每个失效模式可能产生的影响以及影响的严重程度 ④ 分析每个失效模式的起因,将每个识别出的失效模式进行分类,判断其发生可能性的大小 ⑤ 确定失效的可控程度。找出减少失效模式发生的控制变量,由此确定一个失效模式的可控程度,也称为不易探测度 ⑥ 制订并执行纠正措施。针对失效模式制定具体的措施,以预防危险最大或几个失效模式的发生

9.1.2 风险分析方法

采购战略风险分析应遵照一定的程序、采用恰当的方法，根据风险的基本特征和识别原则对风险因素进行分析、归纳和总结，找出引起风险的原因并评估可能带来的损失，目的是找出规避风险的对策，将项目的风险损失降到最低。

采购部在分析采购战略风险时，首先要选择风险分析方法。采购战略风险分析方法可采用业务影响分析和人因可靠性分析等。

以业务影响分析在采购战略风险分析中的应用举例如下。

某企业在采购战略实施过程中识别出风险点"采购批次计划安排不合理"，供应链风险管理负责人决定采用业务影响分析对该风险点进行分析，以确定该风险是否需要处理。

（1）输入

① 承担分析并制订计划的小组。

② 关于供应链采购战略实施环节中各部门、各岗位之间相互依存关系的信息。

③ 有关供应链采购战略实施管理过程中各业务模块运行的详情，包括流程、与其他业务的关系以及运行相关者。

④ 供应链采购战略实施环节中关键过程的缺失造成的运行结果。

⑤ 调查问卷表。

⑥ 供应链采购战略实施环节中相关部门的受访者或计划联系的运行相关者的名单。

（2）过程

① 通过调查问卷了解采购批次计划是否属于供应链采购战略实施中的关键过程。

② 分析采购批次计划环节与采购战略实施的其他内外部利益相关者的相互依存关系。

③ 确定现有资源及发生采购批次计划安排不合理事件后继续正常运行所需要的基本资源。

④ 确定目前使用或计划开发的替代性的工作程序。发生采购计划安排不合理时，是否有可替代性的工作程序。

⑤ 根据采购计划安排不合理产生的结果以及相关职能部门的关键成功因素来确定企业所能容忍的损失的最大时间段。

⑥ 根据现有资源或技术来确定采购计划安排不合理所造成的后果恢复的时间。

（3）输出

① 供应链采购战略实施过程中的关键过程。

② 采购批次计划环节与采购战略实施的其他内外部利益相关者的相互依存关系的优先性清单。

③ 因采购批次计划安排不合理带来的运行过程影响的记录。

④ 采购战略实施过程中采购批次计划环节发生风险的时间范围以及其业务恢复时间范围。

9.1.3 风险评价方法

在采购战略风险管理中可采用"SEP"法。

"SEP"法是一种用于工作业务和生产区域风险评估的半定量评估方法。在采购战略风险管理中，SEP中的各项指标应该有所变化，其中"P"表示风险发生的可能性，"E"表示风险发生的频繁程度或频次、频率的程度，"S"表示风险可能造成后果的严重程度。

具体应用如下。

某企业在采购战略制定阶段发生了风险事件"采购供应市场的分析不准确"，现采购战略风险管理负责人决定采用"SEP"法对该风险事件进行风险等级划分。

（1）输入

采购供应市场分析阶段现有的基础数据。

（2）过程

① 根据现有的基础数据和经验判断，对照"P""E""S"的基准值（表9-2～表9-4），分别给出风险项目的"P""E""S"分值。

② "P""E""S"分值之积为风险值 R，计算出风险值 R。

③ 对照风险等级标准（表9-5），确定风险项目的风险等级。

表9-2 风险可能性（P）基准值

序号	采购供应市场分析不准确的可能性		分值
	重新进行市场分析,导致采购战略制定失误	对采购业务的破坏	
1	如果危害事件发生,即产生最可能和预期的结果(100%)	频繁:平均每半年发生一次	10
2	十分可能(50%)	持续:平均每1年发生一次	6
3	可能(25%)	经常:平均每2年发生一次	3
4	很小的可能性,据说曾经发生过	偶然:3～5年发生一次	1
5	相当小但确有可能,多年没有发生过	很难:10年发生一次	0.5

表 9-3　发生的频率频次（E）

序号	风险在业务中发生的频繁程度		分值
	重新进行市场分析,导致采购战略制定失误	对采购业务的破坏	
1	经常	大于 2 倍的法定极限值	10
2	每天 1 次	介于 1～2 倍法定极限值之间	6
3	每周 1 次	法定极限值内	3
4	每月 1 次	正常允许水平和法定极限值之间	1
5	每年几次	正常允许水平内	0.5

表 9-4　后果（S）基准值

序号	风险可能造成后果的严重程度	分值
1	无法保证生产环节需求、生产失控、伤亡、灭失、损坏、违法	100
2	生产成本增高,有易燃、易爆可能,有人身伤害可能,有重大损失可能	40
3	有安全隐患,可能会引发事故	15
4	对工作产生轻微影响	7
5	没有什么影响	3

表 9-5　风险等级标准

序号	风险等级	判定条件
1	重大	$320 \leqslant R$
2	高	$160 \leqslant R < 320$
3	中	$70 \leqslant R < 160$
4	低	$20 \leqslant R < 70$
5	极低	$R < 20$

（3）输出

风险事件"采购供应市场的分析不准确"的风险等级。

9.1.4　风险应对措施

采购战略风险应对是通过对风险进行识别、分析,把风险发生的概率、损失严重程度以及其他因素综合起来考虑,得出发生各种风险的可能性及其危害程度，确定风险的等级，从而采取应对措施。

采购战略风险应对措施如表 9-6 所示。

表 9-6 采购战略风险应对措施

主要风险	应对措施
采购市场 变化风险	① 重要物资，与特定供应商签订战略同盟，定点采购，确保采购物资质量与数量 ② 一般物资，与供应商签订契约，确保正常供应
采购方式 选择风险	采购规划人员应当确定合理的采购方式选择标准，明确规定在满足何种情况下采用何种采购方式，具体如下所示 ① 确定招标采购需满足的采购规模，并在此规模以上的采购项目，原则上均采用招标采购方式 ② 确定采购外包所需满足的条件，并严格控制外包商资质 ③ 确定集中采购和分散采购的物资类型 ④ 确定内部、外部采购需满足的条件，并确定在何种情况下必须采用内部采购
采购价格 过高风险	① 采取协议采购、招标采购、询比价采购、动态竞价采购等多种方式，科学合理地确定采购价格 ② 对标准化程度高、需求计划性强、价格相对稳定的物资，通过招标、联合谈判等公开、竞争方式签订框架协议 ③ 采购部门应当定期研究大宗通用重要物资的成本构成与市场价格变动趋势，确定重要物资品种的采购执行价格或参考价格 ④ 建立采购价格数据库，定期开展重要物资的市场供求形势及价格走势商情分析并合理利用
供应商选择 和维护的风险	① 建立完善的供应商选择制度和评审标准，形成完善的供应商选择评审体系，促使供应商各方面质量满足企业的要求 ② 在相互信任的基础上，与供应商建立共担风险、共享利益的长期合作关系 ③ 及时考核供应商的绩效，对供应商进行评价和管理，以发现供应商工作的不足，并促使其改进
采购谈判 策略风险	① 在采购谈判前期，采购人员必须做好谈判准备工作，收集各类信息、制定采购底价、确定谈判重点和方案等，确保能够知己知彼 ② 采购部必须合理地规划谈判内容，其中商品的质量、价格、数量和包装条件是磋商的主要交易条件，应重点关注 ③ 在采购谈判的过程中，谈判人员需合理地运用采购谈判技巧，掌握谈判的主动权，确保为企业争取有利的交易条件 ④ 在谈判过程中，采购谈判人员必须注意谈判中的礼仪，给对方留下良好的印象，以免让对方形成本企业不可靠或者形象不佳的印象

主要风险	应对措施
采购运输方式选择风险	① 成立评选小组,对运输方式和运输路径评估,根据运输要求选择合理的运输方式和运输路线 ② 选择信用良好的合作伙伴 ③ 重视运输合同的签订 ④ 控制运输过程中的操作风险

9.2

采购时间风险管理

9.2.1　风险识别方法

采购时间风险的识别方法有很多,在实际的采购风险管理过程中,可根据具体情况和需要选用合理的方法进行风险识别,以达到时间风险管理的目的。

下面介绍几种企业常用的采购时间风险识别方法,具体内容如表9-7所示。

表 9-7　采购时间风险识别方法

方法名称	应用示例
检查表法	根据以前采购过程中的时间风险评估结果,将采购业务中各阶段可能发生的潜在时间风险列举在表中,以供识别人员进行检查核对,判断该阶段是否存在表中所列举的相同或相似的风险
危险分析与关键控制点法	① 为识别、防范采购过程中相关阶段可能发生的风险并采取必要的控制措施提供框架,以避免可能出现的危险,同时维护采购时间的确定性 ② 通过过程控制和关键点控制来尽量降低采购时间的风险,将这些可能发生的风险在过程中消除,防患于未然
流程图法	① 主要是将采购交期控制的关键点以流程图的形式绘制出来,从而确定采购时间管理的重要环节,识别采购时间管理的风险点,进而进行风险分析,提出补救措施 ② 此种方法比较简洁和直观,易于发现关键控制点的风险因素

9.2.2　风险分析方法

采购时间风险分析应遵照一定的程序,采用恰当的方法,根据风险的基本特征和识别原则对风险因素进行分析、归纳和总结，找出引起风险的原因并评估可能带来的损失，目的是找出规避风险的对策，将项目的风险损失降到最低。

采购部门在分析采购时间风险时，首先要选择风险分析方法。采购时间风险分析方法可采用交叉影响分析、情景分析和故障树分析等。

以交叉影响分析在采购时间风险分析中的应用举例如下。

某企业在采购进度控制环节发生了风险事件"订购周期设置不合理，导致采购成本提升"，现采购时间风险管理负责人决定采用交叉影响分析确定该风险点发生可能性和影响程度。

（1）输入

① 界定清楚所分析的风险事件，将事件的各个要素描述清楚。

② 熟悉所分析的风险事件发生的专家。

③ 支持软件。

（2）过程

① 确定风险事件"订购周期设置不合理，导致采购成本提升"对采购流程中其他业务的影响关系。

② 通过专家调查，评定风险事件"订购周期设置不合理，导致采购成本提升"对采购进度控制环节的影响程度，确定交叉影响的程度。

③ 将上述相关数据输入计算机，计算变化概率，得出分析结果。

④ 根据分析结果，进行风险决策。

（3）输出

① 在交叉影响作用下各事件的最终发生概率估计值（校正概率）。

② 采购流程中相关业务的风险决策。

9.2.3　风险评价方法

在采购时间风险管理中可采用风险指数分析评价法。

风险指数（Risk Indices）对采购时间风险的半定量测评，是利用顺序标度的记分法得出的估算值。风险指数本质上是一种对风险进行分级和比较的定性方法，使用数字完全是为了便于操作。

具体应用如下。

① 制定采购时间风险事件发生的可能性等级和后果严重程度等级的评价标准。

风险事件发生可能性等级的评价标准如表 9-8 所示。

表 9-8　风险事件发生可能性等级的评价标准

等级	等级说明	发生情况
A	极低	一般情况下不会发生
B	低	极少情况下发生
C	中	某些情况下发生
D	高	较多情况下发生
E	重大	常常会发生

风险事件后果严重程度等级的评价标准如表 9-9。

表 9-9　风险事件后果严重程度等级的评价标准

等级	等级说明	后果说明
1	轻微的	对采购按时交付的影响轻于三级
2	轻度的	对采购按时交付有轻度影响
3	严重的	对采购按时交付有严重影响
4	灾难性的	对采购按时交付有灾难性影响

将上述风险事件的可能性和严重性分别加权指数，形成风险指数矩阵，见表 9-10。

表 9-10　风险指数矩阵

可能性等级	结果等级			
	1(轻微的)	2(轻度的)	3(严重的)	4(灾难性的)
A(极低)	20	17	15	12
B(低)	19	14	10	8
C(中)	18	11	6	4
D(高)	16	9	5	2
E(重大)	13	7	3	1

上表中，指数越小，风险越大。

② 结合历史数据，分析风险事件"特种设备作业现场未有效采取安全监护措施"，特种设备作业现场未有效采取安全监护措施，极少情况下发生，虽不能保障现场作业安全，但人员受伤轻于三级。

9.2.4　风险应对措施

采购时间风险应对是通过对风险进行识别、分析，把风险发生的概率、损失严重程度以及其他因素综合起来考虑，得出发生各种风险的可能性及其危害程度，确定风险的等级，从而采取应对措施。

具体的应对措施如表 9-11 所示。

表 9-11　采购时间风险应对的措施

主要风险	应对措施
请购前置时间不足,导致采购部在规定时间内不能完成订货	请购部门应根据物资需求计划,及时向采购部提交请购单,在订购单上注明适宜的交货时间
采购人员采取错误的紧急订购方式,使得供应商备货时间太少,难以在规定时间内交付物资	① 采购人员在与供应商进行洽谈之前,应当根据请购要求,制订采购计划,并明确规定采购作业期限 ② 采购部应在规定时间内寻找供应商,提高谈判效率,建立合作关系
采购过程中随意变更订单,使得订单处理周期加长	采购人员在进行信息收集、询价、谈判等采购工作的过程当中,应当有明确的工作安排计划,确保在采购前期做好时间控制工作,尽量避免紧急订单
订购周期设定不合理,订购周期过短导致采购成本提升,或订购周期过长导致订购量不合理	① 跟踪了解供应商生产过程,协调相关材料、模具、技术支援的供应工作 ② 加强交货前的催货工作,了解掌握供应商生产效率及进度状况

9.3
采购合同风险管理

9.3.1　风险识别方法

采购合同风险的识别方法有很多，在实际的采购合同签订过程中，可根据具体情况和需要选用合理的方法进行风险识别，以降低企业损失。

下面介绍几种企业常用的采购合同风险识别方法，具体内容如表 9-12 所示。

表 9-12　采购合同风险识别方法

方法名称	具体内容
问询法	问询法包括调查问卷法、面谈法、专题讨论法等,在采购合同风险识别的实际工作中可采取调查问卷法 合同风险识别调查问卷可以从以下 4 个方面展开 ① 合同管理的设置及人员配备情况 ② 岗位职责制订及履行情况 ③ 合同管理流程情况 ④ 合同管理基础工作,如相关合同管理制度、合同管理台账、合同档案管理等
财务报表分析法	① 通过对一段时期客户企业的资产负债表、损益表、现金流量表等财务报表的分析,对企业的经营成果、竞争能力等财务状况做出评价,及早识别潜在的采购合同财务方面的风险 ② 财务报表的分析内容主要包括短期财务比率的分析和长期财务比率的分析两项内容
德尔菲法	① 聘请若干专家,组织他们采用背对背的方式对客户的信用状况进行分析,从而找出潜在的采购合同风险 ② 此种方法一般用于对具有重大意义的采购风险的识别
流程图法	① 主要是将合同从立项签订、招投标、委托授权、市场准入、合同履行、终结及售后服务全过程,以流程图的形式绘制出来,从而确定合同管理的重要环节,识别合同风险,进而进行风险分析,提出补救措施 ② 此种方法比较简洁和直观,易于发现关键控制点的风险因素
测试表法	① 主要是将合同各控制环节以测试表的形式进行测试,以查找合同管理的风险点和控制缺陷,分析其潜在的影响和重要程度,提出规避和防范风险的措施 ② 测试表大体上可以设计以下几种 a. 市场准入控制测试表,主要测试合同签订双方队伍资质、市场准入情况、外部队伍考核情况和转包、分包情况 b. 招投标和授权批准控制测试表,主要测试经济业务是否按规定进行投标、投标过程是否规范、招投标收入是否纳入统一财务管理、合同签订程序是否到位、甲方代理人是否持有委托授权书 c. 合同条款内容及履行情况测试,主要测试合同的标的、数量、质量、价格及酬金标准、履行期限、地点、方式、违约金和赔偿金是否明确具体,履行情况如何,付款凭证的数据是否与物资验收单、发票、合同履行结算单相一致

9.3.2 风险分析方法

采购合同风险分析应遵照一定的程序，采用恰当的方法，根据风险的基本特征和识别原则对风险因素进行分析、归纳和总结，找出引起风险的原因并评估可能带来的损失，目的是找出规避风险的对策，将采购合同风险导致损失降到最低。

采购部门在分析采购合同风险时，首先要选择风险分析方法。通常情况下，采购合同风险分析方法主要包括以下3种。

① 现场观察法。通过深入合同相关方现场，了解合同双方的资质资信情况，观察工艺流程，获得第一手资料。其客观性较强，是提高审计质量的有效途径。

② 历史分析法。审查与合同相关的财务、统计和企业管理历史资料，如通过检查车辆索赔记录及其他风险信息，确定已投保车辆发生的修理费是否记入成本。

③ 环境分析法。主要是对相关方社会环境变化趋势，可能变更的法律法规等进行深入分析，查找风险因素和潜在影响。

9.3.3 风险评价方法

采购合同风险的评价可通过制定风险评价表评估。具体如表 9-13 所示。

表 9-13 采购合同风险评价表

编号：　　　　　　　　　　　　　　　　　　　日期：　年　　　月　　　日

内容	低风险估计	得分			高风险估计	降低风险的措施高风险说明
		1	2	3		
1.产品						
产品通用性强	是				否	特殊机型风险高
产品技术难度	低				高	
产品质量稳定性	高				低	
2.合同						
合同金额不超过 100 万元	是				否	合同标的额大相对风险就高
合同执行周期不超过 1 年	是				否	
代理费金额大于 1%	是				否	
合同由企业编制	是				否	

内容	低风险估计	得分			高风险估计	降低风险的措施高风险说明
		1	2	3		
2.合同						
合同条款为企业标准合同条款	是				否	
合同条款明确规定需要购买国际和国内运输保险	是				否	
汇率相对稳定	是				否	
3.供应商						
供应商类型（国营、外企、股份企业、民营企业）	通常				特殊	
供应商规模	大				小	
供应商生产情况较好	是				否	
供应商资金实力强	是				否	
供应商信用等级	是				否	
与供应商业务往来的经验	是				否	
4.运输和仓储						
国外运输,运期较短	是				否	
运输包装要求采用国际标准条件	是				否	
货物属于易碎、易爆物品	否				是	
运输路线所处环境良好	是				否	
交货方式:供方交货	是				否	
5.收款						
国外保函开立银行属于信用良好的银行	是				否	
合同附有认可银行开立的保函样张	是				否	
其他单位盖公章担保风险低	是				否	
收款方式的风险较低(提货时收款达到90%)	是				否	

内容	低风险估计	得分			高风险估计	降低风险的措施高风险说明
		1	2	3		
6.业务员						
经办业务员曾经操作过类似产品的采购业务	是				否	
经办业务员熟悉该产品的性能	是				否	
7.其他						
调试期限长	是				否	
交货期长	是				否	
纠纷解决方式（仲裁与诉讼的判决地点）明确	是				否	

9.3.4 风险应对措施

采购合同风险应对是通过对风险进行识别、分析，把风险发生的概率、损失严重程度以及其他因素综合起来考虑，得出发生各种风险的可能性及其危害程度，确定风险的等级，从而采取应对措施。

具体的应对措施如表 9-14 所示。

表 9-14 采购合同风险应对措施

主要风险	应对措施
采购供应商没有订立合同的资格，或没有实际履行合同的能力	做好合同主体的资格审查、资信调查和履约能力调查工作，对不符要求的主体予以淘汰
采购供应商的代理人超越代理权或代理授权期限与企业签订采购合同，导致被代理人不认可已签订的采购合同	调查代理人的资格，并审核代理人身份证、住址、通信方式、授权委托书等资料的真实性和完整性
因采购员对业务不熟悉或者谈判经验不足，而导致采购合同内容中出现漏洞，如采购产品质量不明确、违约责任不明确、计量方法不明确等	① 企业制定内容详细的参考模板，对容易引起争议的条款予以重点关注 ② 重大采购合同需交由企业法务人员进行严格审查，以免因漏洞造成损失
因意外情况发生，供应商没有能力履行采购合同或供应商明知产品有质量问题而不告知	在合同中明确规定双方当事人无法履行合同义务时的处理办法，及时关注合同履行情况，根据需要及时变更或解除合同，尽量减少损失

9.4

采购交付风险管理

9.4.1 风险识别方法

采购交付风险的识别方法有很多，在实际的采购风险管理过程中，可根据具体情况和需要选用合理的方法进行风险识别，以达到按期交付的目的。

下面介绍几种企业常用的采购交付风险识别方法，具体内容如表 9-15 所示。

表 9-15 采购交付风险识别方法

方法名称	具体内容
检查表法	根据以前采购过程中的时间风险评估结果，将采购业务中各阶段可能发生的潜在时间风险列举在表中，以供识别人员进行检查核对，判断该阶段是否存在表中所列举的相同或相似的风险
危险分析与关键控制点法	① 根据采购交付风险程度，分析交付管理环节中可能存在的危险 ② 针对识别的潜在危险，评估其发生的严重性和可能性，制定相应的控制措施 ③ 确定过程中可以控制或消除危险的位点 ④ 如果过程处于已确定限值之外，制定并执行纠正措施 ⑤ 确认危害分析的关键控制点计划，并建立审核的程序及要求 ⑥ 对过程中的每一步进行记录，形成文件，归档保存
失效模式和效应分析	① 将采购交付环节中各业务模块进行分组 ② 对分组出来的环节，确认该环节所有可能产生的失效模式或潜在的缺失环节、造成这些失效模式的具体机制以及失效模式对该环节的影响 ③ 评估每个失效模式可能产生的影响以及影响的严重程度 ④ 分析每个失效模式的起因，将每个识别出的失效模式进行分类，判断其发生可能性的大小 ⑤ 确定失效的可控程度。找出减少失效模式发生的控制变量，由此确定一个失效模式可控程度，也称为不易探测度 ⑥ 制定并执行纠正措施。针对失效模式制定具体的措施，以预防危险最大的几个失效模式的发生

9.4.2 风险分析方法

采购交付风险分析应遵照一定的程序，采用恰当的方法，根据风险的基本特征和识别原则对风险因素进行分析、归纳和总结，找出引起风险的原因并评估可能带来的损失，目的是找出规避风险的对策，将采购交付风险导致的损失降到最低。

采购部门在分析采购交付风险时，首先要选择风险分析方法。采购交付风险分析常用方法如下。

① 利用相关历史数据来识别过去发生的事件或情况，借此推断出它们在未来发生的可能性。所使用的数据应当与正在分析的系统、设备、组织或业务的类型有关。如果某些事件历史上发生频率很低，则无法估计其可能性。

② 利用故障树和事件树等技术来预测可能性。当历史数据无法获取或不够充分时，可以通过分析系统、设备、组织或业务及其相关的失效或成功状况来推断风险的可能性。

③ 系统化和结构化地利用专家观点来估计可能性。在进行专家判断时应利用一切现有的相关信息，包括历史、具体组织、具体业务等方面信息，并通过德尔菲法和层次分析法等方法获取专家的判断。

上述方法可以单独使用，也可以组合使用。

9.4.3 风险评价方法

采购交付风险中常用的评价方法有情况发生法、时间频次法、频率程度法、财产损失法、影响程度法。

现以情况发生法举例，如下。

某企业在供应链交付管理环节识别出风险事件"未跟踪物资配送进度，导致配送滞后或者影响交付"，现采购交付风险管理负责人决定采用情况发生法对该风险事件进行风险等级划分。

（1）输入

有关风险事件"未跟踪物资配送进度"风险分析的结果。

（2）过程

通过风险事件"未跟踪物资配送进度"风险分析的结果，得知该风险事件一般在工作人员交接的情况下发生，则风险等级为中，应建立一个发货及配送跟踪平台或信息系统，避免类似风险再次发生。

（3）输出

风险事件"未跟踪物资配送进度"的风险等级。

9.4.4 风险应对措施

采购交付风险应对是通过对风险进行识别、分析，把风险发生的概率、损失严重程度以及其他因素综合起来考虑，得出发生各种风险的可能性及其危害程度，确定风险等级，从而采取应对措施。

具体的应对措施如表 9-16 所示。

表 9-16　采购交付风险应对的措施

主要风险	应对措施
提前交付引发收货准备工作不充分和临时性的仓储保管成本，甚至可能因为提前支付，给企业带来资金压力，影响企业现金流	① 采购员在进行采购洽谈时，应在明确交货期限的基础上，与供应商达成对交期违约责任的共识 ② 交期违约责任必须以合同条款的方式在采购合同中体现
延迟交付阻碍企业生产活动的正常进行，导致生产效率降低和生产线的损失，甚至在客户面前失去信用，影响产品的销售状况和市场表现	① 采用订单到期前的跟催、发出催货通知单等措施，防止出现交期延误 ② 采购人员发现供应商供货进度可能会影响正常的交货期限时，应及时采取措施，消除进度滞后
运输方式选择不当，导致运输过程缓慢，采购物资不能够按时交付	① 在签订合同之前，采购员必须在物流部门的指引下，与供应商确定合理的运输方式，确保物资按时、安全地交付 ② 采购员应与供应商协商，选择正规、服务好、有资质和实力的承运商，确保所需物资能够快速、安全地送达
供应商履约能力不足，或者生产安排不当，导致备货速度较慢，延误订单的交付	① 加强订单的审核工作，特别要求供应商确认是否能够按时交付 ② 加强订单状态监管，严密跟踪供应商备货、运输、交付运输等过程管理

9.5

采购验收风险管理

9.5.1　风险识别方法

采购验收风险的识别方法有很多，在实际的采购风险管理过程中，可根据具体情况和需要选用合理的方法进行风险识别，以达到按期验收的目的。

下面介绍几种企业常用的采购验收风险识别方法，具体内容如表 9-17 所示。

表 9-17　采购验收风险识别方法

方法名称	具体内容
结构化访谈	① 根据访谈目标,设计采购验收相关的访谈提纲及记录表。访谈提纲的内容应该是开放式的、简单的、有针对性的,利于被访谈者理解。同时也要准备可能的后续问题,用来补充说明该问题 ② 将访谈提纲向被访谈者提问。在收集问题的解答时,应注意不要"诱导"被访谈者,以便被访谈者尽可能地表达其真实观点 ③ 在访谈时要营造良好的谈话氛围,适当控制话题方向,适时追问,适当运用表情和动作,适时记录访谈内容
检查表法	① 根据输入的内容,编制一个采购验收相关的、最好是经过验证的检查表 ② 使用检查表的人员或团队根据检查表的内容对合同管理环节进行核对检查,"√"代表完全满足,"×"代表不满足 ③ 使用检查表的人员或团队应熟悉验收管理的每个环节,注意在使用前要审查检查表上的项目是否有缺失

9.5.2　风险分析方法

采购验收风险分析应遵照一定的程序,采用恰当的方法,根据风险的基本特征和识别原则对风险因素进行分析、归纳和总结,找出引起风险的原因并评估可能带来的损失,目的是找出规避风险的对策,将采购验收风险导致的损失降到最低。

采购部门在分析采购验收风险时,首先要选择风险分析方法。采购验收风险分析法采用交叉影响分析、人因可靠性分析等。

人因可靠性分析在采购验收风险分析中的应用举例如下。

某企业在采购验收环节识别出风险点"验收程序不规范导致验收结果无效",现采购验收风险管理负责人决定采用人因可靠性分析对该风险点进行分析,来评估人为因素导致该风险发生的可能性的高低。

（1）输入

① 关于采购验收环节的人为操作的相关信息,比如流程、参与人员等。

② 采购验收环节实际发生及有可能发生的各类错误的经验。

③ 有关人为错误及其量化的专业知识。

（2）过程

① 问题界定。调查在采购验收环节中有哪种类型的人为操作。

② 人员分析。分析在采购验收环节中参与人员是如何操作的。

③ 人为错误分析。分析造成验收人员验收风险的原因及补救措施。

④ 量化。计算出因人为因素验收风险发生的可能性。

⑤ 影响分析。分析验收人员造成验收风险的影响，是否可以接受。

⑥ 提出减少损失的方法。如果不可以接受，则提出减少损失的方法。

⑦ 记录存档。

（3）输出

① 人为错误模式、错误类型、原因和后果。

② 减少损失的方法。

③ 人为错误所造成风险的评估。

9.5.3 风险评价方法

在采购验收风险管理中可采用风险矩阵法。

风险矩阵（Risk Matrix）是一种将定性或半定量的后果分级与产生一定水平的风险或风险等级的可能性相结合的方式，通过分析已被识别的风险发生的可能性和对供应链管理的影响程度绘制风险矩阵。

风险发生可能性的评价标准如表9-18所示。

表9-18　风险发生可能性的评价标准

方法类型	风险发生的频率描述				
定性方法	一般情况下不会发生	极少情况下发生	某些情况下发生	较多情况下发生	常常会发生
半定量方法	10%以下	10%～30%	31%～60%	61%～90%	90%以上

风险发生的后果严重程度的评价标准如表9-19所示。

表9-19　风险发生的后果严重程度的评价标准

方法类型	影响程度的描述				
定性方法	不受影响	轻度影响	中度影响	严重影响	重大影响
半定量方法	1%以下	1%～10%	11%～15%	16%～20%	20%以上

具体操作如下。

① 根据风险发生的可能性和影响程度的评价标准，对采购验收中可能发生的风险点（验收标准不明确、验收程序不规范、验收方式不合理等）进行定性或半定量评估。

② 依据评估结果绘制风险矩阵。绘制矩阵时，一个轴表示影响度等级，另一个轴表示可能性等级，如图 9-1 所示。

	5	IV	III	II	I	I
可能性等级	4	IV	III	III	II	I
	3	V	IV	III	II	II
	2	V	IV	III	III	II
	1	V	V	IV	III	II
		1	2	3	4	5
		影响度等级				

图 9-1　风险矩阵图

9.5.4　风险应对措施

采购验收风险应对是通过对风险进行识别、分析，把风险发生的概率、损失严重程度以及其他因素综合起来考虑，得出发生各种风险的可能性及其危害程度，确定风险的等级，从而采取应对措施。

采购验收风险应对的措施如表 9-20 所示。

表 9-20　采购验收风险应对的措施

主要风险	应对措施
验收标准不明确	企业应制定明确的采购验收标准,结合物资特性确定必检物资目录,规定此类物资出具质量检验报告后方可入库
验收程序不规范	① 规范验收程序,并以规范文件的形式进行下发,组织验收人员学习 ② 明确验收过程中的人员责任,避免推诿行为 ③ 科学定义物资验收的顺序或标准,避免物资验收过程中出现问题
验收方式不合理	采购验收管理人员必须选择合理的验收方式,包括检验方式、抽样要求、检验器具、特定的验收顺序等
验收异常处理不妥善	对出现的无合同、无订单、凭证不准确、验收不合格等异常情况,验收人员应进行准确的记录,并妥善地对出现的各类异常进行处理

参考文献

［1］ 弗布克管理咨询中心.采购人员精细化管理工作手册.北京：化学工业出版社，2020.

［2］ 弗布克管理咨询中心.采购业务全流程风险管控工作手册.北京：化学工业出版社，2020.

［3］ 王静.采购人员岗位培训手册.北京：人民邮电出版社，2015.

［4］ 贵州电网物资有限公司供应链风险管理体系项目组.供应链风险管理：体系建设、运营与评估指南.北京：人民邮电出版社，2022.

［5］ 成毅.工厂采购精细化管理手册.北京：人民邮电出版社，2014.

［6］ 中国物流与采购联合会团体标准.国有企业采购操作规范：T/CFLP 0027－2020.北京：中国物流与采购联合会，2020.